Dr. Frederic Mack, Thomas Brockfeld

Physiologie Band 5

MEDI-LEARN Skriptenreihe

6., komplett überarbeitete Auflage

MEDI-LEARN Verlag GbR

Autoren: Dr. Frederic Mack, Thomas Brockfeld

Teil 5 des Physiologiepaketes, nur im Paket erhältlich
ISBN-13: 978-3-95658-006-2

Herausgeber:
MEDI-LEARN Verlag GbR
Dorfstraße 57, 24107 Ottendorf
Tel. 0431 78025-0, Fax 0431 78025-262
E-Mail redaktion@medi-learn.de
www.medi-learn.de

Verlagsredaktion:
Dr. Marlies Weier, Dipl.-Oek./Medizin (FH) Désirée Weber, Denise Drdacky, Jens Plasger, Sabine Behnsch, Philipp Dahm, Christine Marx, Florian Pyschny, Christian Weier

Layout und Satz:
Fritz Ramcke, Kristina Junghans,
Christian Gottschalk

Grafiken:
Dr. Günter Körtner, Irina Kart, Alexander Dospil,
Christine Marx

Illustration:
Daniel Lüdeling

Druck:
A.C. Ehlers Medienproduktion GmbH

6. Auflage 2014

Wichtiger Hinweis für alle Leser
Die Medizin ist als Naturwissenschaft ständigen Veränderungen und Neuerungen unterworfen. Sowohl die Forschung als auch klinische Erfahrungen führen dazu, dass der Wissensstand ständig erweitert wird. Dies gilt insbesondere für medikamentöse Therapie und andere Behandlungen. Alle Dosierungen oder Applikationen in diesem Buch unterliegen diesen Veränderungen.
Obwohl das MEDI-LEARN Team größte Sorgfalt in Bezug auf die Angabe von Dosierungen oder Applikationen hat walten lassen, kann es hierfür keine Gewähr übernehmen. Jeder Leser ist angehalten, durch genaue Lektüre der Beipackzettel oder Rücksprache mit einem Spezialisten zu überprüfen, ob die Dosierung oder die Applikationsdauer oder -menge zutrifft. Jede Dosierung oder Applikation erfolgt auf eigene Gefahr des Benutzers. Sollten Fehler auffallen, bitten wir dringend darum, uns darüber in Kenntnis zu setzen.

Inhalt

1 Vegetatives Nervensystem

Fragen in den letzten 10 Examen: 24

Das Thema „vegetatives Nervensystem" wird nicht nur im Physikum gefragt, es gehört auch zu den wichtigsten klinisch relevanten Themen der Physiologie. Zahlreiche Pharmaka, die in der Intensiv und Inneren Medizin gebräuchlich sind, entfalten ihre Wirkung an den Rezeptoren des vegetativen Nervensystems. Ein bekanntes Beispiel ist das blutdrucksenkende Medikament Metoprolol (Beloc®). Wegen der hohen klinischen Relevanz zielen die meisten Fragen zum vegetativen Nervensystem auch auf die Wirkungen an den Rezeptoren ab.

Das periphere Nervensystem kann in das **vegetative und in das somatische Nervensystem** unterteilt werden.
Zum somatischen Nervensystem gehören die Neurone, welche die quergestreifte Skelettmuskulatur versorgen. Die quergestreiften Muskeln werden überwiegend willentlich beeinflusst. Deshalb bezeichnet man das somatische Nervensystem häufig als willkürliches Nervensystem.
Im Gegensatz zum somatischen Nervensystem steht das **vegetative Nervensystem**, das man auch autonomes Nervensystem nennt. Das vegetative Nervensystem unterliegt vor allem **unbewussten Einflüssen**. Es ist an der Steuerung der inneren Organe einschließlich der meisten Hormondrüsen sowie an der Einstellung der Gefäßdurchblutung beteiligt. Damit dient es der Regulierung unseres inneren Gleichgewichts. Um diese Aufgabe umfassend bewältigen zu können, arbeitet das vegetative Nervensystem eng mit dem **endokrinen System** zusammen. Es wird unter anderem vom Hypothalamus gesteuert, der über Releasing- und Inhibiting-Hormone auch das Hormonsystem beeinflusst.

1.1 Einteilung

Das vegetative Nervensystem wird in drei Abschnitte untergliedert:
1. Sympathikus
2. Parasympathikus
3. Darmnervensystem

Sympathikus und Parasympathikus sind entwicklungsgeschichtlich alt und auch bei Tieren zu finden. Diese beiden Äste des vegetativen Nervensystems funktionieren an vielen Organen als **Gegenspieler**.
Bei Anstrengungen, besonders bei Alarmreaktionen, aktiviert das ZNS sympathische Nervenfasern. Diese sorgen dann u. a. für eine Beschleunigung der Herzfrequenz sowie für eine Erweiterung der Atemwege. Der Körper wird auf Flucht- oder Kampfreaktionen eingestellt: „fight or flight".
In Ruhe hingegen steht der Organismus unter dem Einfluss des Parasympathikus: Dieser lässt die Atemwege verengen und den Puls verlangsamen. Dafür erhöht er aber z. B. die Aktivität des Verdauungstrakts: „rest or digest".
Das **Darmnervensystem** kann die Darmfunktionen theoretisch unabhängig von Sympathikus und Parasympathikus steuern, wird jedoch beim lebenden Menschen von Sympathikus und Parasympathikus moduliert.

1.2 Aufbau von Sympathikus und Parasympathikus

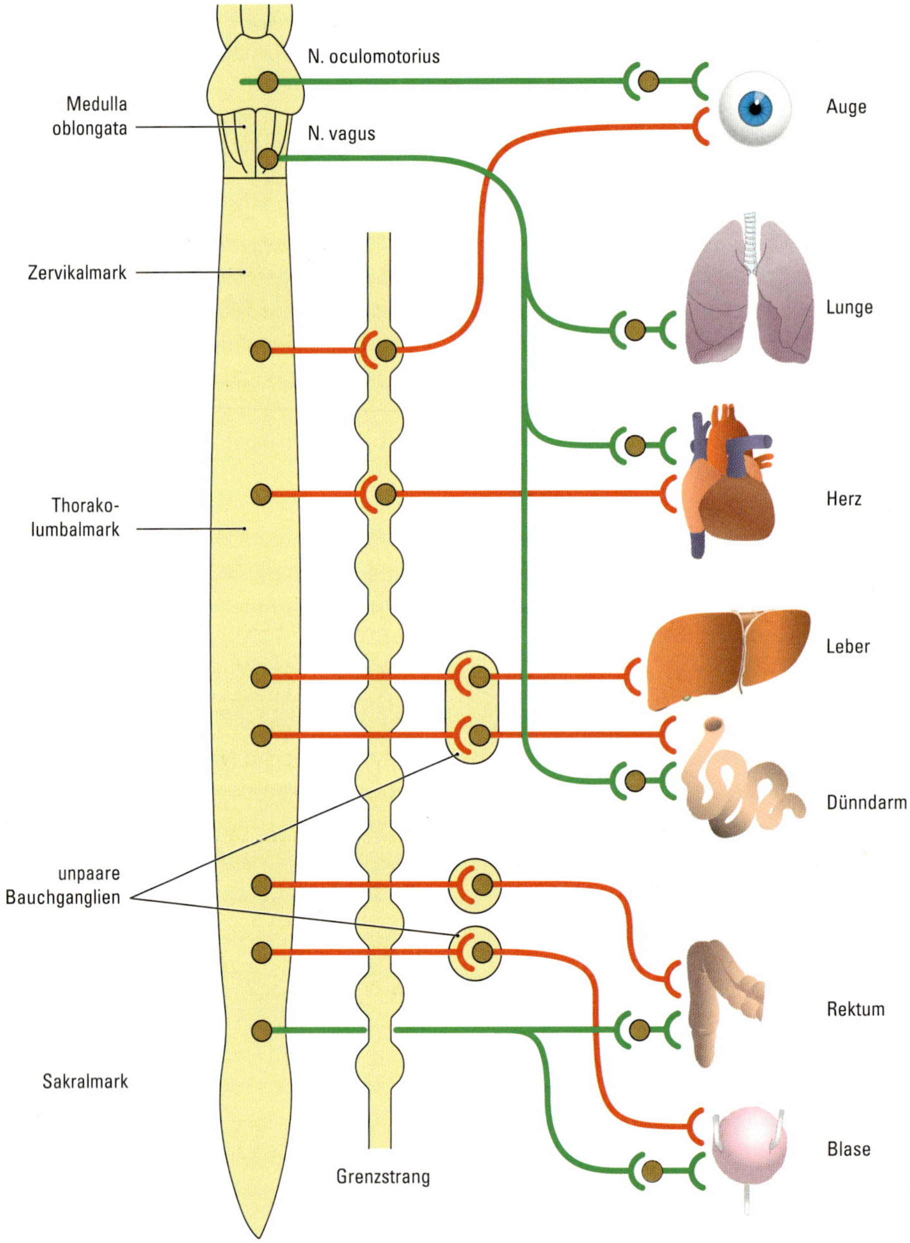

Abb. 1: Aufbau von Sympathikus und Parasympathikus

medi-learn.de/6-physio5-1

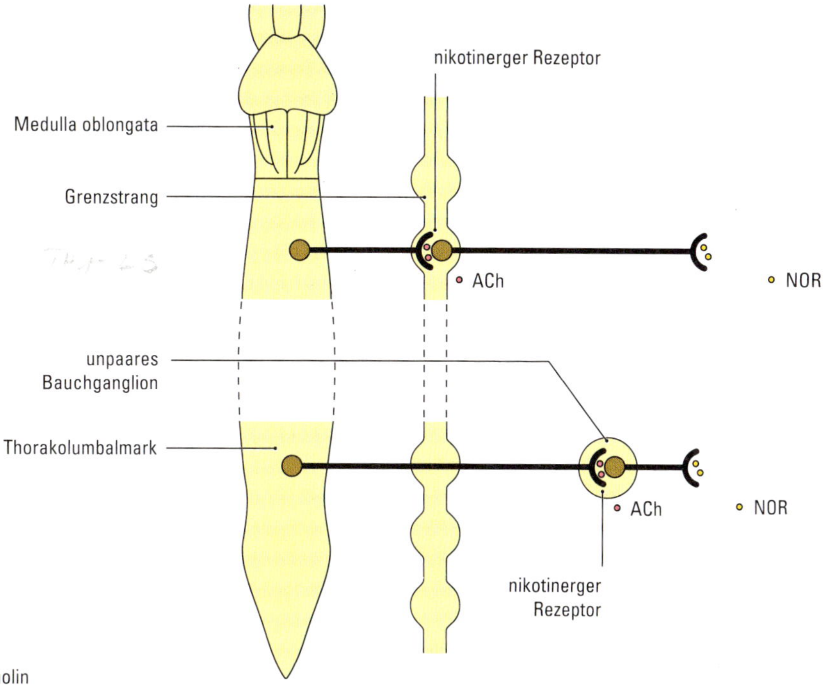

ACh = Acetylcholin
NOR = Noradrenalin

Abb. 2: Verschaltung des Sympathikus

medi-learn.de/6-physio5-2

Sowohl sympathische als auch parasympathische Fasern werden auf ihrem Weg zum Erfolgsorgan jeweils einmal in einem Ganglion umgeschaltet. Das erste Neuron, also die Nervenfaser vor der Umschaltung, nennt man **präganglionäres Neuron**, das zweite Neuron wird entsprechend als **postganglionäres Neuron** bezeichnet. Bitte verwechsele die Begriffe prä- und postganglionär nicht mit prä- und postsynaptisch, hier werden in der schriftlichen Prüfung häufig Fallen gestellt!

1.2.1 Verschaltung des Sympathikus

Die Kerngebiete des ersten (präganglionären) Neurons des Sympathikus liegen in der grauen Substanz des Thorakal- und Lumbalmarks. Sie finden sich dort im Bereich der Seitenhörner (Ncl. intermediolateralis im Bereich der Cornua laterales).

Von dort zieht das Axon des ersten Neurons über die Vorderwurzel zum Grenzstrang. Hier befinden sich die Ganglien, an denen die sympathischen Fasern umgeschaltet werden. Einige sympathische Neurone ziehen auch durch den Grenzstrang hindurch und werden erst in den prävertebralen Bauchganglien (Ganglion coeliacum, Ganglion mesentericum inferius und superius) umgeschaltet.

Zur Umschaltung auf das zweite Neuron verwendet der Sympathikus den Transmitter **Acetylcholin (ACh) mit nikotinischen (nikotinergen) Rezeptoren**. Das zweite (postganglionäre) Neuron zieht dann von der ganglionären Umschaltstelle aus zum Erfolgsorgan. Vom zweiten Neuron auf das Erfolgsorgan überträgt der Transmitter **Noradrenalin** (NOR) die Erregung.

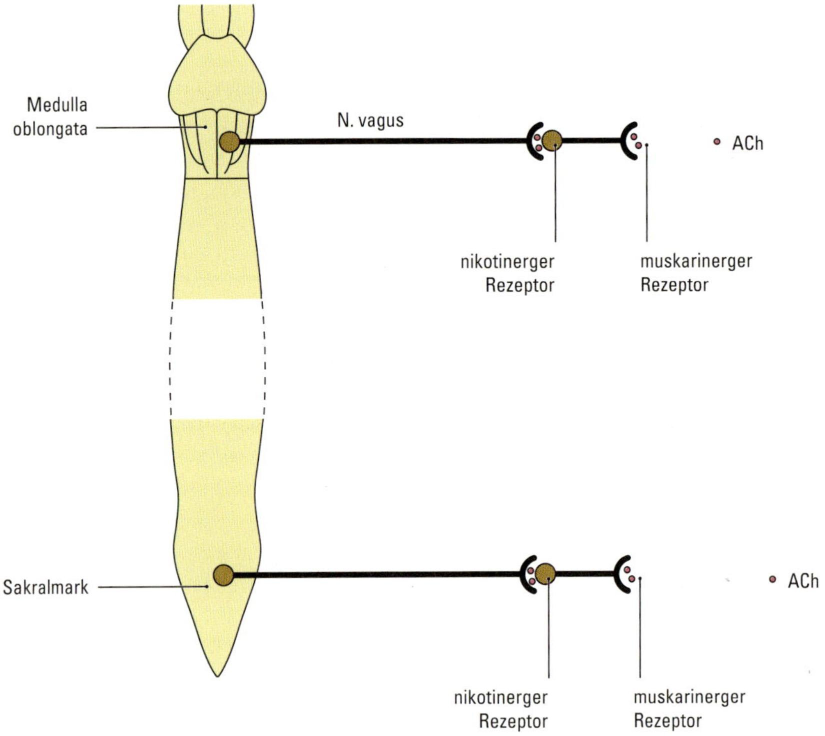

Abb. 3: Verschaltung des Parasympathikus *medi-learn.de/6-physio5-3*

1.2.2 Verschaltung des Parasympathikus

Die Kerngebiete des ersten (präganglionären) Neurons des Parasympathikus liegen im **Hirnstamm**. Die meisten parasympathischen Fasern ziehen dann im N. vagus zum Erfolgsorgan. Außerdem haben auch erste Neurone des Parasympathikus ihren Ursprung im **Sakralmark**: Der Parasympathikus ist also **kraniosakral** lokalisiert. Die parasympathischen Fasern werden nicht im Grenzstrang umgeschaltet, sondern ziehen bis nahe an das Erfolgsorgan heran und werden dann in **organnahen Ganglien** umgeschaltet. Diese Ganglien liegen zum Teil in der Wandung der Organe selbst. Trotzdem zieht auch hier noch ein zweites, wenn auch nur kurzes Neuron aus dem Ganglion heraus und läuft noch ein Stück im Erfolgsorgan. Bei der Umschaltung vom ersten auf das zweite Neuron verwendet auch der Parasympathi-

	präganglionäre Übertragung (Übertragung vom ersten aufs zweite Neuron)			**postganglionäre Übertragung (Übertragung vom zweiten Neuron aufs Erfolgsorgan)**		
	Transmitter	**Rezeptor**	**Ort**	**Transmitter**	**Rezeptor**	**Ort**
Sympathikus	Acetylcholin	nikotinisch (Ionenkanal)	Grenzstrang oder Bauchganglien	Noradrenalin	α oder β	Erfolgsorgan
Parasympathikus	Acetylcholin	nikotinisch (Ionenkanal)	organnahe Ganglien	Acetylcholin	muskarinisch	Erfolgsorgan

Glycinrez.: Ionenkanal

Tab. 1: Überblick über die Verschaltung von Sympathikus und Parasympathikus

kus Acetylcholin mit nikotinischen Rezeptoren. Für die postganglionäre Übertragung – also die Übertragung vom zweiten Neuron auf das Erfolgsorgan – dient ebenfalls Acetylcholin als Transmitter. Hier sind die Rezeptoren jedoch muskarinisch (muskarinerg) und keine Ionenkanäle wie der nikotinische Acetylcholin-Rezeptor, sondern Transmembran-Rezeptoren. Die Signalübertragung erfolgt daher über eine Kaskade von Second messengern.

Übrigens ...
In den Fragen des schriftlichen Examens stand schon, der Parasympathikus sei zervikosakral lokalisiert, was aber falsch ist. Sieh daher bitte immer genau hin.

1.3 Rezeptoren

Im schriftlichen Examen wird sowohl in der Biochemie als auch in der Physiologie sehr oft nach den Rezeptoren mit dem zugehörigen Second messenger-System gefragt. Deshalb lohnt es sich, sich mit diesem Thema zu beschäftigen, auch wenn es auf den ersten Blick etwas kompliziert erscheint.

1.3.1 Noradrenalinrezeptoren

Der Überträgerstoff Noradrenalin ist wasser-, aber kaum fettlöslich. Daher kann er die lipidhaltigen Zellmembranen nicht durchdringen und muss, um in der Zelle des Erfolgsorgans zu wirken, an einen membranständigen Rezeptor binden. Dadurch wird ein Second messenger-System in Gang gesetzt, das schließlich die zelluläre Reaktion auslöst.
Man untergliedert die Noradrenalinrezeptoren in α_1-, α_2-, β_1- und β_2-Rezeptoren. Diese Rezeptoren unterscheiden sich in ihrer Bindungsfähigkeit mit verschiedenen Pharmaka. Während α-Rezeptoren z. B. besonders gut Noradrenalin binden, weisen β-Rezeptoren eine hohe Affinität zum Adrenalin auf. Außerdem unterscheiden sich die Noradrenalin-Rezeptoren auch in ihren Second messenger-Systemen.
Während α_1-Rezeptoren ihr Signal über das IP_3- System übertragen, benutzen α_2-, β_1- und β_2-Rezeptoren das cAMP-System.

α_1-Rezeptoren: Das IP_3-System

Der α_1-Rezeptor liegt an der Außenseite der Zellmembran. Wenn nun Noradrenalin an den α_1-Rezeptor bindet, wird ein G-Protein stimuliert, das gegenüber auf der Zytoplasma-Seite der Membran liegt. Das G-Protein stimu-

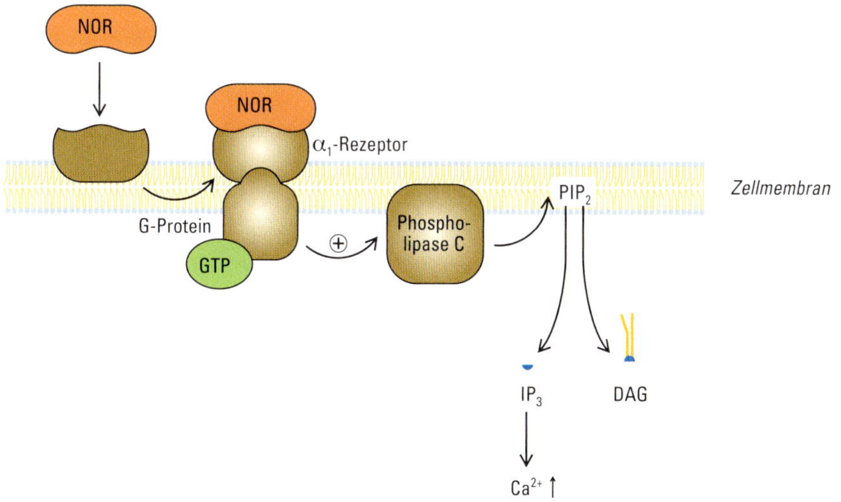

Abb. 4: IP_3-System

medi-learn.de/6-physio5-4

liert seinerseits eine Phospholipase C. Dieses Enzym spaltet aus PIP_2 (Phosphatidylinositolbisphosphat) die Second messenger IP_3 (Inositoltrisphosphat) und DAG (Diacylglycerin) ab. IP_3 bewirkt z. B. an glatten Muskelzellen eine Calciumfreisetzung aus den intrazellulären Calciumspeichern (über IP_3-Rezeptoren des sarkoplasmatischen Retikulums). Daraufhin kontrahieren sich diese Muskelzellen. Eine glatte Muskelzelle, die z. B. zur Muskelschicht eines arteriellen Gefäßes gehört, kann also durch Noradrenalin zur Kontraktion gebracht werden. Folge: Das Gefäß zieht sich zusammen.
Auch das DAG wirkt als Second messenger: Es aktiviert Proteinkinasen, die intrazellulär Proteine phosphorylieren und dadurch aktivieren können. α_1-Rezeptoren wirken somit oft **konstriktorisch**.

Die IP_3-Reaktionskaskade wird sehr häufig gefragt, deshalb hier nochmal ein Überblick:

1. Aktivierung α_1-Rezeptor
2. Aktivierung G-Protein durch Bindung von GTP
3. Aktivierung der Phospholipase C
4. Spaltung von Phosphatidylinositolbisphosphat (PIP_2)
5. Freisetzung von Diacylglycerin (DAG) Freisetzung von Inositoltrisphosphat (IP_3)
6. Erhöhung der zytosolischen Ca^{2+}-Konzentration

β- und α_2-Rezeptoren: Das cAMP-System

β- und α_2-Rezeptoren wirken beide über das cAMP-System, allerdings in entgegengesetzter Richtung.
Bindet Noradrenalin an einen β-Rezeptor, wird – ähnlich wie im IP_3-System – ein G-Protein stimuliert. Man nennt das G-Protein hier G_s-Protein (stimulierend). Dieses G_s-Protein aktiviert eine Adenylatcyclase, die aus ATP den Second messenger cAMP herstellt.
Das cAMP löst jetzt intrazellulär die gewünschte Funktion aus – es kann z. B. die Proteinkinase A aktivieren, die in glatten Muskelzellen die Myosinkinase phosphoryliert. Durch diese Phosphorylierung wird die Bindung der Myosinkinase an den Calcium-Calmodulin-Komplex erschwert, die für die Kontraktion einer glatten Muskelzelle erforderlich ist (s. 2.3.3, S. 36). Unter Einfluss von β-Rezeptoren relaxiert so die glatte Muskulatur, z. B. die eines arteriellen Widerstandsgefäßes. β-Rezeptoren wirken also oft **dilatatorisch**.
Da auch diese Reaktionskette oft gefragt wird, steht sie hier im Überblick:

1. Aktivierung β-Rezeptor
2. Aktivierung G_s-Protein durch Bindung von GTP
3. Aktivierung der Adenylatcyclase
4. Anstieg des cAMP
5. Aktivierung z. B. von Proteinkinasen

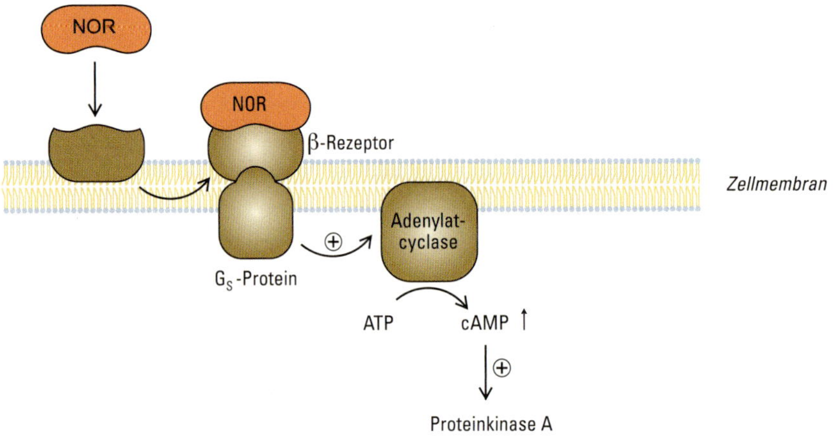

Abb. 5: β-Rezeptor und cAMP-System

medi-learn.de/6-physio5-5

α_2-Rezeptoren bewirken ein Absenken der cAMP-Konzentration. Bindet Noradrenalin an einen α_2-Rezeptor, wird ein G_i-Protein (inhibitorisch) stimuliert, das die Aktivität der Adenylatcyclase hemmt. Folge: Die cAMP-Konzentration nimmt ab (s. Abb. 6, S. 7).

1. Aktivierung α_2-Rezeptor
2. Aktivierung G_i-Protein durch Bindung von GTP
3. Hemmung der Adenylatcyclase
4. Abfall des cAMP
5. Hemmung z. B. von Proteinkinasen

Beeinflussung der Noradrenalinfreisetzung durch Rückkopplung

Viele Nervenzellen, z. B. die Motoneurone der Willkürmuskulatur, setzen ihren Transmitter erst am Ende des Axons in einem Endknöpfchen frei. Vegetative Neurone hingegen sind anders aufgebaut: In ihrem Verlauf innerhalb des Erfolgsorgans haben die Axone Verdickungen, deren Form an Krampfadern (Varizen) erinnert und die man deshalb Varikositäten nennt. Innerhalb der Varikositäten ist der Transmitter – bei sympathischen Fasern meist Noradrenalin – in Vesikeln gespeichert.
Läuft nun ein Aktionspotenzial über die Membran der Nervenfaser, wird der Transmitter aus der Varikosität freigesetzt. Er kann jetzt an die Zelle des Erfolgsorgans diffundieren und dort an seinen Rezeptor binden. Die Noradrenalinfreisetzung kann auf raffinierte Art präsynaptisch modifiziert werden: In der Membran der sympathischen Nervenfaser liegen nämlich α_2-Rezeptoren. Nach einem Aktionspotenzial wird aus der Varikosität Noradrenalin freige-

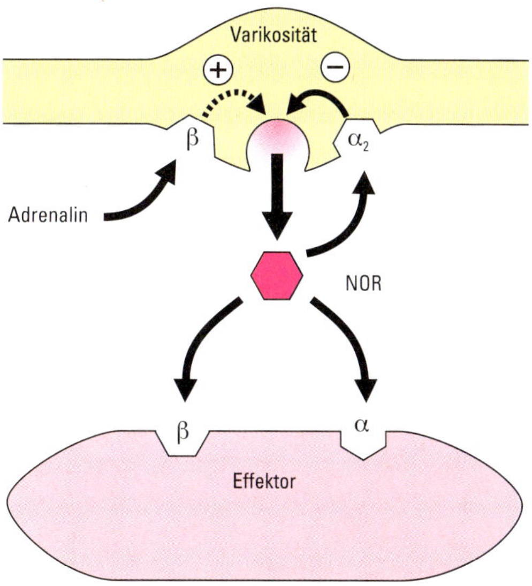

Abb. 7: Postganglionäre Übertragung

medi-learn.de/6-physio5-7

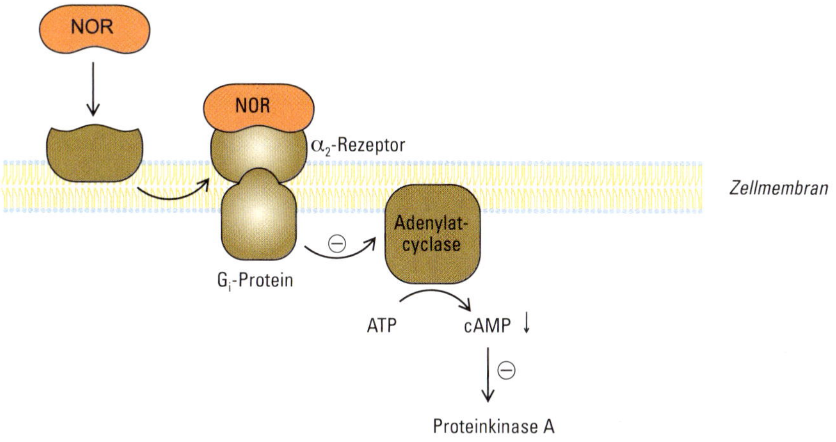

Abb. 6: α_2-Rezeptor und cAMP-System

medi-learn.de/6-physio5-6

setzt. Dieses diffundiert dann nicht nur durch den synaptischen Spalt an die Rezeptoren des Erfolgsorgans, sondern bindet auch an den **präsynaptisch gelegenen α_2-Rezeptor**. Diese Bindung sorgt nun für eine **Hemmung der weiteren Noradrenalinfreisetzung**. So wird verhindert, dass bei starker Sympathikusaktivität zu viel Noradrenalin freigesetzt wird. Man nennt einen solchen Vorgang, bei dem ein Mechanismus sich selbst begrenzt, **negative Rückkopplung**.

Merke!

Bei genauer Untersuchung der präsynaptischen Membran hat sich gezeigt, dass diese neben α_2-Rezeptoren auch über β-Rezeptoren verfügt. Die Erregung dieser β-Rezeptoren verstärkt die weitere Noradrenalinfreisetzung. Hierbei handelt es sich daher um eines der wenigen Beispiele für **positive Rückkopplung**.

Was überwiegt nun bei der Sympathikusaktivierung: die negative oder die positive Rückkopplung? Da das freigesetzte Noradrenalin eine wesentlich größere Affinität zu α- als zu β-Rezeptoren hat, überwiegt zunächst die negative Rückkopplung.
Wozu aber dann der komplizierte positive Rückkopplungsmechanismus über die β-Rezeptoren? Hier kommt das Nebennierenmark ins Spiel: Wird es stimuliert, setzt es nämlich überwiegend Adrenalin frei. Dieses Adrenalin gelangt über die Blutbahn an das Erfolgsorgan. Dort wirkt es zum einen direkt an den Membranrezeptoren, zum anderen aber auch indirekt: Es stimuliert die präsynaptischen β-Rezeptoren an der Varikosität und fördert so die Noradrenalinfreisetzung. Ein Teil des freigesetzten Noradrenalins wird wieder „recycled", indem es nach seiner Freisetzung durch das präsynaptische Neuron wieder aufgenommen wird.

1.3.2 Acetylcholin-Rezeptoren

Acetylcholin-Rezeptoren werden in muskarinische (muskarinerge) und nikotinische (nikotinerge) Rezeptoren unterteilt. Folgende Abbildung verdeutlicht den Unterschied:

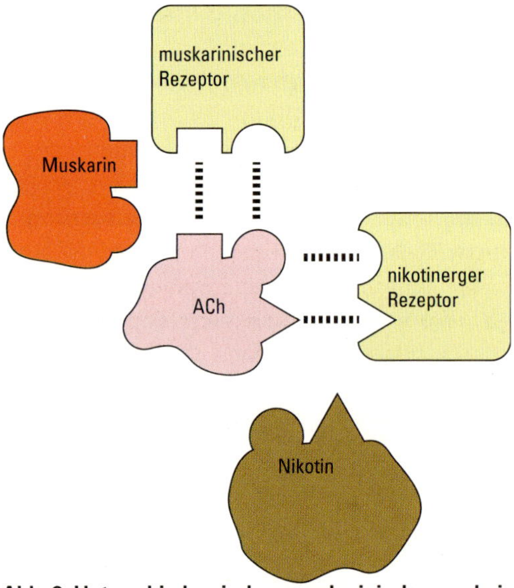

Abb. 8: Unterschied zwischen muskarinischen und nikotinischen ACh-Rezeptoren

medi-learn.de/6-physio5-8

Acetylcholin hat drei Bindungsstellen. Mit den ersten beiden passt es an muskarinische, mit den letzten beiden an nikotinische Rezeptoren.

Muskarinischer Rezeptor

Muskarin ist eines der im Fliegenpilz enthaltenen Gifte. Seine Moleküle haben an ihrer Oberfläche nur zwei Bindungsstellen, die den beiden ersten Bindungsstellen des Acetylcholinmoleküls sehr ähnlich sind. Sie passen ebenso wie Acetylcholin an den muskarinischen Rezeptor und aktivieren ihn. Ähnlich wie bei Noradrenalinrezeptoren wird dann ein über G-Proteine vermitteltes Second messenger-System in Gang gesetzt.
Nikotinische Rezeptoren hingegen werden durch Muskarin praktisch nicht aktiviert.

Nikotinischer Rezeptor

Nikotin, eines von vielen zentral wirksamen Giften in Zigaretten, besteht ebenfalls aus Molekülen mit zwei Bindungsstellen. Sie ähneln den letzen beiden Bindungsstellen des Acetylcholins, sodass Nikotin an nikotinische, nicht aber an muskarinische Rezeptoren passt.
Nikotinische Rezeptoren finden sich nicht nur in den vegetativen Ganglien, sondern auch als Rezeptoren im Bereich der motorischen Endplatte. Sie aktivieren im Gegensatz zu muskarinischen Acetylcholin-Rezeptoren keine G-Proteine: Nikotinische Rezeptoren sind ligandengesteuerte Ionenkanäle. Bei der Erregung nikotinischer Rezeptoren öffnen sich Kationen-Kanäle (Na^+-Kanäle): Na^+ strömt durch den Kanal in die Zelle, sodass sich die Membran in diesem Bereich depolarisiert.

Merke!

Nikotinische Rezeptoren sind ligandengesteuerte Ionenkanäle, permeabel für monovalente Kationen.

1.3.3 Kolokalisation

Acetylcholin und Noradrenalin sind die wichtigsten Transmitter des vegetativen Nervensystems. Neben diesen Substanzen kommen aber noch eine ganze Reihe weiterer Stoffe, wie z. B. NO, VIP (vasoaktives intestinales Peptid) oder Neuropeptid Y als Transmitter vor.
Man weiß seit langem, dass Acetylcholin als Überträgerstoff des Parasympathikus die Sekretion eines besonders wässrigen Speichels fördert. Inzwischen hat man festgestellt, dass die Acetylcholinwirkung an den Speicheldrüsen durch Anwesenheit des Transmitters **VIP** verstärkt wird. Man nennt ein derartiges gemeinsames Vorkommen mehrerer Transmitter **Kolokalisation**.

Wenn man die Chorda tympani, die ja die Speicheldrüsen versorgt, elektrisch reizt, wird die Durchblutung in diesem Bereich gesteigert. Hebt man nun mit Hilfe von Atropin die Acetylcholinwirkung auf, lässt sich die Durchblutung aber immer noch stimulieren. Der Grund dafür ist, dass die Reizung der Nerven zur Freisetzung von VIP führt, das auch ohne Mitwirkung von Acetylcholin die Durchblutung zu steigern vermag.
Das Phänomen der Kolokalisation findet sich auch an bestimmten sympathischen Nervenfasern: An der glatten Muskulatur extragenitaler Arteriolen wird die Wirkung des **Noradrenalins** durch den (Co)-Transmitter **Neuropeptid Y** verstärkt.

Merke!

- Acetylcholin und VIP sind in den Speicheldrüsen kolokalisiert.
- Noradrenalin und Neuropeptid Y sind an der glatten Muskulatur von (extragenitalen) Arteriolen kolokalisiert.

1.4 Wirkungen von Sympathikus und Parasympathikus

Vereinfacht kann man sagen, dass der Sympathikus für Alarmreaktionen zuständig ist, der Parasympathikus hingegen für die Ruheeinstellung. Wenn du an diese Arbeitsteilung denkst, kannst du schon eine ganze Reihe von Fragen zum vegetativen Nervensystem beantworten.

Viele Organe werden sowohl von sympathischen als auch von parasympathischen Nervenfasern innerviert. Es gibt jedoch einige Ausnahmen, nach denen im Schriftlichen gerne gefragt wird:

- Die glatte Muskulatur der **Skelettmuskelarteriolen** wird **ausschließlich sympathisch innerviert**.
- Die Schweißdrüsen werden ebenfalls nur vom Sympathikus versorgt. Zudem haben

sie noch eine weitere Besonderheit: Während der Überträgerstoff des Sympathikus auf das Erfolgsorgan sonst Noradrenalin ist, verwenden die sympathischen Fasern zu den Schweißdrüsen **Acetylcholin**. In diesem Fall wird – wie sonst beim Parasympathikus – mittels muskarinischer Rezeptoren übertragen. Aus diesem Grund hemmt z. B. Atropin (ein Muskarin-Rezeptor-Antagonist) die Schweißsekretion.
- Die Tränendrüsen werden überwiegend **parasympathisch** innerviert.

Soviel zu den Ausnahmen. Kommen wir zur sowohl sympathisch als auch parasymphatisch versorgten Mehrheit der Organe ...

1.4.1 Vegetative Innervation des Herzens

Das Herz wird sympathisch und parasympathisch beeinflusst. Der Sympathikus versorgt das Herz vom Sinusknoten bis zum Arbeitsmyokard. Parasympathische Fasern steuern vor allem Sinus- und AV-Knoten, während ihr Einfluss auf das Arbeitsmyokard relativ gering ist.
Am Sinusknoten dominiert beim ruhenden Menschen also der Parasympathikus, der ja das Herz über die Fasern des **N. vagus** erreicht. Schaltet man die vegetativen Fasern durch Gabe von Ganglienblockern oder auch operativ aus, wird das Herz tachykard. Dies zeigt, dass der Parasympathikus, der ja eine verlangsamende Wirkung auf den Herzschlag hat, einen stärkeren Einfluss auf die Herzfrequenz ausübt als der Sympathikus. Die Herzfrequenz wird vom Vagus dominiert.

Übrigens ...
Bei Diabetespatienten findet sich nach längerem Verlauf der Erkrankung häufig eine autonome Polyneuropathie, bei der sowohl Fasern des sympathischen als auch des parasympathischen Nervensystems geschädigt sind. Die Folge ist häufig eine Tachykardie, da der in Ruhe überwiegende Einfluss des Parasympathikus ausgefallen ist.

Der **Sympathikus** hat am Herzen vier wichtige Effekte:
1. **positiv inotrope** Wirkung = Steigerung der Kontraktionskraft
2. **positiv chronotrope** Wirkung = Erhöhung der Herzfrequenz
3. **positiv dromotrope** Wirkung = Beschleunigung der Überleitung am Reizleitungssystem
4. **positiv lusitrope** Wirkung = Beschleunigung der Relaxation des Herzmuskels

Gelegentlich wird auch die **positiv bathmotrope** Wirkung beschrieben. Darunter versteht man eine gesteigerte Erregbarkeit des Herzens, durch die das Risiko von Herzrhythmusstörungen steigt.
Der **Parasympathikus** wirkt **negativ chrono- und dromotrop.** Die direkte negativ inotrope Wirkung auf das Arbeitsmyokard ist jedoch nur gering.

1.4.2 Vegetative Innervation der Gefäße

Mit Ausnahme der Gefäße des Genitaltrakts werden arterielle Blutgefäße ausschließlich sympathisch innerviert. β_2-Rezeptoren bewirken eine Relaxation der glatten Muskulatur von Blutgefäßen, sodass das Gefäß dilatiert. Dieser Rezeptortyp findet sich daher an Gefäßen, deren Durchblutung bei Alarmreaktionen gesteigert werden muss: in Skelettmuskel- und Koronargefäßen. β_2-Rezeptoren haben eine besonders hohe Affinität zu Adrenalin. Daher werden sie vornehmlich stimuliert, wenn das Nebennierenmark Adrenalin ausschüttet.
α_1-Rezeptoren vermitteln hingegen eine Vasokonstriktion und sind daher vor allem in Regionen zu finden, deren Durchblutung bei Alarmreaktionen gedrosselt werden kann: in der Haut und im Gastrointestinaltrakt.
Die Gefäße der Skelettmuskulatur tragen außer den β_2-Rezeptoren auch noch – wenn auch wenige – α_1-Rezeptoren. Eine geringe Menge Adrenalin bewirkt zunächst eine Stimulierung der β_2-Rezeptoren, da deren Affinität zum Adrenalin

besonders hoch ist. Bei sehr großer Adrenalinmenge werden jedoch auch die α_1-Rezeptoren erregt. Dann kann es sogar zum Überwiegen der α_1-adrenergen Wirkung und damit zu einer Kontraktion in diesem Bereich kommen.

Merke!

An den Koronargefäßen finden sich nicht nur die adrenalinempfindlichen β_2-Rezeptoren, sondern auch α_1-Rezeptoren.

1.4.3 Vegetative Innervation der Bronchien

Das zum vegetativen Nervensystem im schriftlichen Examen am häufigsten gefragte Thema ist die vegetative Innervation der Bronchien. Dabei wird fast immer nur auf die bronchodilatatorische Wirkung des Sympathikus abgezielt, sodass sich hier leicht Punkte holen lassen.
Die glatten Muskelzellen der Bronchien werden sowohl sympathisch als auch parasympathisch innerviert. Der Sympathikus wirkt an den Bronchien über β_2-Rezeptoren durch Aktivierung der cAMP-abhängigen Proteinkinase A. Diese Rezeptoren lassen auch hier die glatte Muskulatur relaxieren. So kann der Sympathikus im Falle einer Alarmreaktion die Bronchien dilatieren und damit den Luftstrom durch die Atemwege erleichtern. Der Parasympathikus hingegen bewirkt eine Bronchokonstriktion.

Übrigens ...
β-Blocker wie z. B. Propanolol hemmen den Sympathikuseinfluss an den Bronchien. Unter ihrer Wirkung verengen sich die Atemwege, was bei Asthmapatienten akute Anfälle verursachen kann. Deshalb dürfen β-Blocker bei Asthmatikern in der Regel nicht verordnet werden. Phosphodiesterasehemmer wie z. B. Amrinon und Milrinon erhöhen den Spiegel an cAMP und wirken daher ähnlich wie der Sympathikus relaxierend bzw. bronchodilatierend.

1.4.4 Vegetative Innervation des Auges

Fast so oft wie nach der Versorgung der Bronchien wird nach der vegetativen Innervation des Auges gefragt. Auch am Auge wirken Sympathikus und Parasympathikus als Gegenspieler: Der Sympathikus innerviert den M. dilatator pupillae, wodurch sich die Pupille erweitert (große Augen bei Schreckreaktionen). Eine solche Pupillenerweiterung nennt man Mydriasis. Außerdem innerviert der Sympathikus den M. tarsalis, der zusammen mit dem M. levator palpebrae das Oberlid hebt.

Übrigens ...
Bei Lähmung des Sympathikus im Kopfbereich kommt es daher zu einem Absinken des Oberlids, der **Ptose**. Außerdem fällt dadurch der M. dilatator pupillae aus und die Pupille verengt sich, was man als **Miosis** bezeichnet. Die Ptose und die Miosis bei Sympahikuslähmung nennt man **Horner-Syndrom**. Zur Horner-Trias gehört außerdem noch das Zurücktreten des Augapfels in die Augenhöhle.

Der Parasympathikus innerviert die Tränendrüse, den M. sphincter pupillae und den M. ciliaris. An der Tränendrüse wird unter parasympathischem Einfluss eine vermehrte Tränensekretion ausgelöst. Die Kontraktion des M. sphincter pupillae bewirkt eine Miosis. Der M. ciliaris schließlich ist für die Nahakkomodation zuständig. Medikamente wie z. B. Atropin wirken als Parasympathikolytikum, blockieren Muskarinrezeptoren und können die genannten Muskeln relaxieren lassen. Auf der anderen Seite führen Hemmstoffe der Acetylcholin-Esterase zu erhöhten Konzentrationen von Acetylcholin und damit zu einer gesteigerten Aktivität des Parasympathikus was beim Auge zu einer Miosis führt.

1.4.5 Vegetative Innervation des Verdauungstrakts

Verglichen mit der hohen klinischen Relevanz wird im schriftlichen Examen verhältnismäßig wenig nach der vegetativen Innervation des Verdauungstrakts gefragt. Vor allem kommen hier Fragen zu der Innervation der Sphinkteren und der Speicheldrüsen vor.

Magen-Darm

Der Magen-Darm-Trakt kann seine Arbeit am besten in Ruhephasen des Organismus verrichten. Seine Aktivität wird entsprechend durch den Parasympathikus gefördert.
Parasympathische Fasern stimulieren die Magen-Darm-Motilität. Außerdem senken sie den Tonus der glatten Muskulatur der Sphinkteren, sodass unter Parasympathikuseinfluss der Weitertransport der Nahrung und schließlich die Defäkation ermöglicht wird.

Merke!

- Während die meisten parasympathischen Fasern im N. vagus verlaufen, stammen die Fasern im Bereich des M. sphincter ani internus aus dem Sakralmark.
- Eine häufig gestellte Falle betrifft die Innervation des M. sphincter ani externus: Dieser wird nämlich NICHT vom vegetativen Nervensystem innerviert, da es sich um einen quergestreiften, willkürlich innervierten Muskel handelt. Die ihn versorgenden Motoneurone verlaufen im N. pudendus.

Der Sympathikus kann über α_2-Rezeptoren die Motilität des Magen-Darm-Trakts hemmen. Außerdem erhöht er über α_1-Rezeptoren den Sphinkterentonus.

Speicheldrüsen

An den Speicheldrüsen wirken Sympathikus und Parasympathikus synergistisch. Sympathische Fasern steigern vor allem an der Glandula submandibularis die Produktion eines mukösen, d. h. schleimhaltigen Speichels.
Der Parasympathikus fördert an allen Speicheldrüsen die Herstellung eines serösen, d. h. wässrigen Speichels. Die parasympathischen Fasern verwenden – wie in den meisten Fällen – als Transmitter Acetylcholin. VIP kann als Kotransmitter die Acetylcholinwirkung verstärken.

Übrigens ...
Viele Medikamente haben eine anticholinerge (die Wirkung des Acetylcholins abschwächende) Nebenwirkung. Zu diesen Medikamenten gehören z. B. die trizyklischen Antidepressiva, die den Parasympathikus an den Speicheldrüsen hemmen und damit eine unangenehme Mundtrockenheit auslösen.

Gallenblase

Die Gallenblase wird vor allem von parasympathischen Fasern versorgt, die eine Kontraktion des Organs auslösen.

Defäkation

An der Defäkation sind parasympathische und sympathische Fasern beteiligt, außerdem wird sie durch das Darmnervensystem und auch über das Willkürnervensystem reguliert.
Zur Einleitung der Defäkation sendet das Gehirn ein Signal an die parasympathischen Fasern der rektalen Darmabschnitte. Der Parasympathikus fördert dort die Darmmotilität und **senkt** den Tonus des M. sphincter ani internus. Durch willkürliche Innervation relaxiert auch der M. sphincter ani externus, sodass der Kot aus dem Darm befördert werden kann.

Solange keine Defäkation stattfindet, werden die parasympathischen Fasern durch zentralnervöse Einflüsse gehemmt. Sympathische Fasern sorgen über α_1-Rezeptoren dafür, dass der M. sphincter ani internus geschlossen ist.

1.4.6 Vegetative Innervation der Harnblase

In der Wand der Harnblase sind die glatten Muskelfasern in **drei Schichten** angeordnet. Diese Muskeln fasst man unter dem Begriff M. detrusor vesicae zusammen. Sie werden von parasympathischen Fasern aus dem Sakralmark innerviert. Der M. sphincter vesicae internus im Trigonum vesicae wird von sympathischen Nervenfasern versorgt.

Bei der Miktion aktiviert das Gehirn über das Sakralmark die parasympathischen Fasern, sodass sich der Detrusor und damit die Harnblase kontrahiert. Gleichzeitig werden die sympathischen Nerven gehemmt, sodass der Weg zur Harnröhre frei wird.

Normalerweise wird die Miktion von der Hirnrinde aus eingeleitet. Bei einer Querschnittslähmung, bei der die Fasern vom Gehirn zum Rückenmark durchtrennt sind, kann die Miktion jedoch auch allein reflektorisch reguliert werden: Dehnungsrezeptoren in der Harnblase registrieren den Füllungszustand und leiten ein entsprechendes Signal an das Rückenmark weiter. Wenn nun ein bestimmter Füllungsgrad erreicht ist, wird unwillkürlich die Miktion mit Aktivierung des M. detrusor und Hemmung des Sphinkter internus eingeleitet. Man spricht dann von einer Reflexblase.

Die Fasern der Dehnungsrezeptoren sind im Rückenmark zum Teil mit Fasern der Hautsensibilität im Bereich der Bauchdecke zusammengeschaltet. Dadurch können Querschnittsgelähmte oft erlernen, den Miktionsreflex auch durch Bestreichen der Bauchdecke selbst auszulösen. So können diese Patienten eine willkürliche Miktion auslösen, und die Kontinenz bleibt erhalten.

1.4.7 Vegetative Innervation der Genitalorgane

Klitoris und Penis werden sowohl sympathisch als auch parasympathisch innerviert.

Die Ejakulation wird über sympathische Fasern aus dem Lumbalmark ausgelöst, die Steuerung der Erektion erfolgt über parasympathische Fasern aus dem Sakralmark. Diese Nervenfasern benutzen als Transmitter neben Acetylcholin auch **Stickstoffmonoxid (NO)**, das in der Nervenzelle aus der Aminosäure **Arginin** gewonnen wird.

Der Parasympathikus vermittelt an den Schwellkörpern von Penis und Klitoris eine **Dilatation** der arteriellen Gefäße (Aa. helicinae), sodass vermehrt Blut einströmt. Durch diesen Bluteinstrom vergrößern sich bei sexueller Erregung die Schwellkörper, wodurch wiederum die venösen Gefäße komprimiert werden.

Die Erektion beruht somit nicht nur auf einem arteriellen Bluteinstrom, sondern auch auf einem verminderten venösen Blutausstrom.

Merke!

Ejakulation:
- Aktivierung sympathischer Neurone aus dem lumbalen Rückenmark

Erektion:
- parasympathische Steuerung = Dilatation von Arteriolen der Corpora cavernosa des Penis

1.4.8 Vegetative Innervation des Renin-Angiotensin-Aldosteron-Systems

Das Renin-Angiotensin-Aldosteronsystem wird aktiviert, wenn im juxtaglomerulären Apparat der Niere eine verminderte Nierendurchblutung gemessen wird.

Darüber hinaus erhöht der Sympathikus die Renin-Ausschüttung über β_1-Rezeptoren.

Organ	Sympathikus	Rezeptor	Parasympathikus	Rezeptor
Herz	– versorgt das ganze Herz – pos. inotrop – pos. dromotrop – pos. chronotrop – pos. lusitrop = beschleunigte Aufnahme von Ca^{2+} ins sarkoplasmatische Retikulum	β_1	– versorgt nicht das Arbeitsmyokard – neg. chronotrop – neg. dromotrop – Erhöhung der Membranpermeabilität für K^+ in den Zellen des Sinusknotens	m
Auge	– Mydriasis	α_1	– Miosis – Steigerung der Tränendrüsensekretion – Akkomodation	m
Magen-Darm	– Abnahme der Motilität – Zunahme des Sphinkterentonus	α_2 α_1	– Zunahme der Motilität – Abnahme des Sphinkterentonus (Versorgung des Sphincter ani internus nicht über N. Vagus, sondern über Sakralmark (!)) – Steigerung der Glykogenolyse in der Leber	m
Bronchien	– Erschlaffung der Muskulatur	β_2	– Kontraktion der Muskulatur	
Nieren	– Förderung der Reninfreisetzung	β_1		
Blase	– Zunahme des Sphinkterentonus	α_1	– Kontraktion des M. detrusor vesicae	m
Galle			– Kontraktion der Gallenblase	m
Speicheldrüse	– Zunahme der mukösen Sekretion	α_1	– Zunahme der serösen Sekretion	m
Pankreas	– Hemmung der Insulinsekretion	α_2		
Gefäße	– Erweiterung der Koronararteriolen – Verengung der Koronararteriolen	β_2 α_1	– Relaxation der Aa. helicinae der Corpora cavernosa penis	m
M. arrector pili	– Aufrichtung der Haare	α_1		
braunes Fettgewebe	– Lipolyse	β_3		

m = muskarinischer Acetylcholinrezeptor

Tab. 2: Wirkungen von Sympathikus und Parasympathikus

1.4.9 Vegetative Innervation der Schweißdrüsen

Schweißdrüsen werden ausschließlich über sympathische Fasern innerviert. Die Kerngebiete des ersten Neurons liegen also im Bereich des Thorakolumbalmarks, und die Neurone werden – wie andere sympathische Fasern auch – in den Grenzstrangganglien umgeschaltet. Eine Besonderheit wird sehr gern im Schriftlichen gefragt: Statt mit Noradrenalin wird das Signal mit **Acetylcholin** auf die

Schweißdrüse übertragen. Dazu werden **muskarinische Rezeptoren** verwendet. Somit ist auch leicht verständlich, warum Hemmstoffe muscarinerger Acetylcholin-Rezeptoren, wie z. B. Atropin, die Schweißproduktion hemmen.

1.5 Nebennierenmark

Das Nebennierenmark besteht vor allem aus Nervenzellen, die entwicklungsgeschichtlich Teil des Sympathikus sind. Es schüttet seine Produkte ins Blut aus und zählt deshalb zu den Hormondrüsen. Im Gegensatz zu den restlichen sympathischen Fasern, die überwiegend Noradrenalin produzieren, stellt das Nebennierenmark vor allem Adrenalin her – der Noradrenalinanteil liegt nur bei etwa 20 Prozent. Außerdem schüttet das Mark noch einen geringen Anteil an Dopamin aus. Wichtig ist außerdem zu wissen, dass der Transmitter von der sympathischen Nervenfaser zur Nebennierenmarkzelle Acetylcholin ist.

Merke!

Adrenalin wird in Vesikeln in den hormonproduzierenden Zellen gespeichert und kann auf ein entsprechendes Signal hin in großen Mengen freigesetzt werden.

Übrigens ...

Phäochromozytome sind Tumore des Nebennierenmarks, die unkontrolliert Adrenalin sezernieren. Dies führt bei den betroffenen Patienten zu Blutdruckkrisen. Therapeutisch bietet sich bei einem einseitigen Phäochromozytom die operative Entfernung der Nebenniere an. Falls medikamentös behandelt werden muss, empfiehlt sich eine Blockade der α_1-adrenergen Rezeptoren.

1.6 Darmnervensystem

Das Darmnervensystem (enterisches Nervensystem) besteht aus einem Nervengeflecht, das den Verdauungstrakt in zwei verschiedenen Wandschichten durchzieht:

1. Die Neurone des Plexus myentericus (Auerbach) finden sich in der Tela muscularis,
2. die Fasern des Plexus submucosus (Meissner) liegen in der Tela submucosa.

Das Darmnervensystem kann unabhängig vom übrigen Nervensystem die Tätigkeit der Darmmuskulatur beeinflussen und so die peristaltischen Kontraktionen steuern. Sympathikus und Parasympathikus beeinflussen jedoch das enterische Nervensystem modulierend. Als Transmitter verwendet das Darmnervensystem überwiegend **Peptide**, u. a. Substanz P und VIP.

Merke!

Das Darmnervensystem enthält peptiderge Neurone.

1

DAS BRINGT PUNKTE

Viele Fragen wirst du leicht beantworten können, wenn du weißt, dass Alarmreaktionen vor allem unter Sympathikuseinfluss stehen und die Verdauung durch den Parasympathikus gefördert wird. Insgesamt können viele Fragen aus diesem Bereich mit erfreulich wenigen Informationen gelöst werden.
Besonders häufig wird die Wirkung des vegetativen Nervensystems an den Bronchien und an den Pupillen gefragt. Gut Punkte sammeln konnte man bisher, wenn man wusste, dass der **Sympathikus**

- auf Alarmreaktion umstellt (plötzlicher Blutdruckabfall erhöht den Sympathikotonus),
- Bronchien über β_2-Rezeptoren erweitert,
- die Pupillen über α_1-Rezeptoren erweitert,
- an Sinusknoten, Vorhof, AV-Knoten und Arbeitsmyokard wirkt,
- den Tonus des Sphincter vesicae internus über α_1-Rezeptoren erhöht,
- die Gefäße der Haut engstellt,
- die Insulinsekretion über α_2-Rezeptoren hemmt und
- die Reninkonzentration über β_1-Rezeptoren erhöht.

Wusste man zudem noch, dass

- die Perikaryen sympathischer postganglionärer Neurone im Grenzstrang und in den prävertebralen Ganglien liegen,
- bei der Umschaltung vom ersten auf das zweite Neuron nikotinische (nikotinergen) Rezeptoren verwendet werden und
- die nikotinischen (nikotinergen) Rezeptoren ligandengesteuerte Ionenkanäle sind, war man punktemäßig auch schon ganz vorne mit dabei.

Zu den **α_1-Rezeptoren** solltest du dir Folgendes merken:

- Die Aktivierung des α_1-Rezeptors führt zur Aktivierung eines G-Proteins durch Bindung von GTP. Es folgt die Aktivierung der Phospholipase C, die Spaltung von PIP_2 mit der Freisetzung von Diacylglycerin (DAG) und von Inositoltrisphosphat (IP_3) und schließlich die Erhöhung der zytosolischen Ca^{2+}-Konzentration.
- α_1-Rezeptoren bewirken meist eine Konstriktion.

Bei den **β-Rezeptoren** wurde Folgendes häufig gefragt:

- Die Aktivierung des β-Rezeptors führt zur Aktivierung eines Gs-Proteins durch Bindung von GTP. Es folgt die Aktivierung der Adenylatcyclase, was den Anstieg des cAMP und darüber die Aktivierung von z. B. Proteinkinasen bewirkt.
- Die Noradrenalinfreisetzung kann über präsynaptische α_2-Rezeptoren gehemmt und über präsynaptische β-Rezeptoren gefördert werden.

Auch der **Parasympathikus** ist im Schriftlichen nach wie vor beliebt. Zu diesem Thema solltest du wissen, dass er

- mit muskarinischen (muskarinergen) ACh-Rezeptoren aufs Erfolgsorgan überträgt,
- die Beckenorgane, z. B. das Rektum, vom Sakralmark aus versorgt,
- den dominierenden (negativ chronotropen) Einfluss auf die Herzfrequenz hat und
- eine Bronchokonstriktion bewirkt.

Besonderheiten und gern gefragte **Ausnahmen**:

- Skelettmuskelgefäße werden ausschließlich sympathisch versorgt.
- Schweißdrüsen werden ausschließlich sympathisch versorgt, und als Transmitter dient Acetylcholin. Daher lässt sich die Schweißsekretion durch

DAS BRINGT PUNKTE

Atropin hemmen, das ja muskarinische Rezeptoren blockiert.
- Tränendrüsen werden überwiegend parasympathisch innerviert.

Dauerbrenner beim Thema **Sexualfunktion** sind die
- Erektion: parasympathisch vermittelte Dilatation der Arteriolen des Penis und die
- Ejakulation: wird sympathisch vom Lumbalmark aus gesteuert.

Wenn du darüber hinaus auch noch weißt, dass das Darmnervensystem die Peristaltik mit dem Plexus myentericus und dem Plexus submucosus steuert, hast du die Punkte zum Thema vegetatives Nervensystem auch schon eingesackt.

FÜRS MÜNDLICHE

Das erste Kapitel ist geschafft! Nun überprüfe dein Wissen mit den passenden Fragen zum Thema „Vegetatives Nervensystem".

1. **Was sind die Aufgaben des vegetativen Nervensystems?**
2. **Wie wird das vegetative Nervensystem eingeteilt und welche Funktionen haben die verschiedenen Teile?**
3. **Welchen Einfluss haben Sympathikus und Parasympathikus auf die Bronchien?**
4. **Wie reguliert das vegetative Nervensystem die Pupillenweite?**
5. **Welche Noradrenalin- und Acetylcholinrezeptor-Typen kennen Sie?**
6. **Welche Second messenger werden durch α_1, welche durch β-Rezeptoren aktiviert?**
7. **Nenne Beispiele für jeweils eine positive und negative Rückkopplung im Bereich des vegetativen Nervensystems.**

---

1. Was sind die Aufgaben des vegetativen Nervensystems?
Das vegetative Nervensystem dient der Aufrechterhaltung der inneren Homöostase. Es reguliert die Funktion der inneren Organe und der Gefäße. Es arbeitet – ähnlich wie das Hormonsystem – meist ohne Beteiligung des Bewusstseins.

2. Wie wird das vegetative Nervensystem eingeteilt und welche Funktionen haben die verschiedenen Teile?
Es wird in Sympathikus, Parasympathikus und Darmnervensystem eingeteilt. Der Sympathikus-Anteil wird bei Alarmreaktionen („fight or flight") besonders stark aktiviert. Er sorgt unter anderem durch Erweiterung der Muskel- und Koronargefäße, positiv chrono-, dromo- und inotrope Wirkung am Herzen, Aktivierung der Schweißdrüsen und durch Erhöhung des Blutzuckerspiegels für eine Leistungssteigerung des Organismus. Der Parasympathikus fördert vorwiegend Körperfunktionen, die im Ruhezustand aktiv sind. Vor allem die Verdauungsfunktionen werden unter Parasympathikuseinfluss gesteigert. Er fördert z. B. die Bildung eines wässrigen, reichhaltigen Speichels sowie

die Peristaltik des Darmsystems und ermöglicht durch Erschlaffung der Sphinkteren den Weitertransport der Nahrung.

3. Welchen Einfluss haben Sympathikus und Parasympathikus auf die Bronchien?

Der Sympathikus sorgt über β_2-Rezeptoren für eine Bronchodilatation und ermöglicht so eine verbesserte Ventilation. Bei einer Bronchialverengung – z. B. bei Asthma bronchiale – werden deshalb auch häufig β_2-Mimetika verordnet. Der Parasympathikus hingegen fördert über seine muskarinischen (muskarinergen) ACh-Rezeptoren eine Bronchokonstriktion.

4. Wie reguliert das vegetative Nervensystem die Pupillenweite?

Der Sympathikus erweitert die Pupille über den M. dilatator pupillae (Mydriasis). Der Parasympathikus aktiviert den M. sphincter pupillae und erzeugt eine Miosis.

5. Welche Noradrenalin- und Acetylcholinrezeptor-Typen kennen Sie?

Noradrenalin-Rezeptoren verwendet der Sympathikus bei der Übertragung vom zweiten Neuron auf das Effektororgan. Man unterscheidet α_1-, α_2-, β_1- und β_2-Rezeptoren. α_1–Rezeptoren vermitteln häufig konstriktorische Wirkungen, während β_2-Rezeptoren sehr häufig eine Dilatation vermitteln. β_1-Rezeptoren finden sich vor allem am Herzen, während α_2-Rezeptoren außer im ZNS meist präsynaptisch zu finden sind.

6. Welche Second messenger werden durch α_1, welche durch β-Rezeptoren aktiviert?

Eine Aktivierung am α_1-Rezeptor führt – vermittelt durch ein G-Protein – zu einer Freisetzung von Diacylglycerin (DAG) und von Inositoltrisphosphat (IP_3).
Eine Erregung am β-Rezeptor aktiviert ein Gs-Protein, das einen Anstieg der Adenylatcyclase bewirkt. Dadurch steigt intrazellulär die Konzentration des Second messengers cAMP, welches seinerseits die Aktivität der Proteinkinase A steigert.

7. Nenne Beispiele für jeweils eine positive und negative Rückkopplung im Bereich des vegetativen Nervensystems.

Beeinflussung der Noradrenalin Freisetzung Varikositäten der sympathischen Nervenfasern. Noradrenalin wird aus den Nervenfasern freigesetzt und diffundiert sowohl an die postsynaptische als auch an die präsynaptische Membran. An der Präsynapse kann es durch Bindung an α_2-Rezeptoren die eigene Freisetzung hemmen. Adrenalin hingegen kann über β-Rezeptoren die Freisetzung von Noradrenalin steigern.

Pause

Päuschen gefällig?
Du hast es dir verdient!

2 Muskelphysiologie

Fragen in den letzten 10 Examen: 25

Insgesamt ist die Muskelphysiologie eines der dankbarsten Themen in der Physiologie: Es ist größtenteils recht anschaulich, und allein mit dem Gleitfilamentmechanismus kannst du bereits gut punkten. Dieses Thema zu lernen lohnt sich auch für die mündliche Prüfung, denn es gehört zu den am häufigsten in der Physiologie gefragten Themen.

2.1 Die Muskulatur

Man unterscheidet drei Arten von Muskulatur:
- Die quergestreifte Muskulatur,
- die glatte Muskulatur und
- die Herzmuskulatur.

Die **Skelettmuskeln** gehören zur quergestreiften Muskulatur. Sie werden vom Willkürnervensystem über Motoneurone vom **Aα-Typ** innerviert. Im Gegensatz zu glatten Muskeln und zu Herzmuskeln gibt es bei ihnen keine Übertragung des Aktionspotenzials von einer Muskelzelle auf die andere. Quergestreifte Muskelzellen können viele Zentimeter lang werden und enthalten mehrere, randständige Zellkerne (s. Skript Histologie 1).
Bereits lichtmikroskopisch kann man erkennen, dass die nebeneinanderliegenden Zellen ein quergestreiftes Muster zeigen. Wie es dazu kommt, erfährst du gleich ...

Merke!

- Quergestreifte Muskelfasern werden durch Aα-Motoneurone erregt,
- eine Übertragung zwischen den Muskelfasern findet nicht statt.
- Der physiologische Querschnitt eines Muskels ist direkt von der Dicke der Muskelfasern abhängig.

Herzmuskelzellen weisen ebenfalls eine Querstreifung auf, sie unterscheiden sich aber in einigen Eigenschaften von den Skelettmuskeln und werden deshalb als eigene Gruppe betrachtet.
Herzmuskelzellen haben in der Regel nur einen Zellkern, der nicht randständig, sondern in der Mitte liegt. Außerdem werden sie NICHT von Aα-Motoneuronen innerviert, sondern über das Erregungsleitungssystem des Herzens. **Gap junctions**, welche Herzmuskelzellen miteinander verbinden, ermöglichen die Übertragung einer Erregung von einer Zelle auf die nächste.

Die **glatte Muskulatur** heißt so, weil sie im Lichtmikroskop nicht quergestreift, sondern glatt erscheint. Die Zellen sind meist spindelförmig und haben jeweils einen Zellkern in der Mitte. Glatte Muskeln arbeiten ökonomischer als quergestreifte Muskeln: Um die gleiche Kraft pro Querschnitt zu erzeugen, brauchen sie weniger Energie.
Glatte Muskeln werden ebenfalls nicht von Aα-Motoneuronen innerviert, sondern durch verschiedene andere Mechanismen zur Kontraktion veranlasst:
- Einige glatte Muskelzellen, z. B. diejenigen, die eine Konstriktion an Blutgefäßen bewirken, werden durch Nervenfasern des vegetativen Nervensystems innerviert. Sie unterliegen also – im Gegensatz zur quergestreiften Muskulatur – nicht der Willkürmotorik, sondern werden unwillkürlich gesteuert.
- Die glatten Muskelzellen, die in der Wand der Verdauungsorgane für peristaltische Kontraktionen zuständig sind, sind spontan aktiv. Dabei arbeiten einige der glatten Muskeln als Schrittmacherzellen: Ihre Zellmembran neigt zu rhythmischen Spontandepolarisationen, wodurch Aktionspoten-

ziale an der Membran ausgelöst werden, die die Zelle zur Kontraktion bringen. Diese Erregung wird dann – ähnlich wie bei den Herzmuskelzellen – über Gap junctions von Zelle zu Zelle weitergeleitet. So kann sich eine peristaltische Welle von oben nach unten ausbreiten.

- Wieder andere glatte Muskelzellen können durch mechanische Einflüsse zur Kontraktion gebracht werden. So kontrahieren sich z. B. die glatten Muskeln der Nierenarteriolen, wenn sie durch einen zunehmenden Blutfluss gedehnt werden.

Merke!

Um die gleiche Kraft pro Querschnittsfläche zu erzeugen, verbrauchen glatte Muskeln weniger Energie als die Skelettmuskulatur.

2.2 Skelettmuskulatur

In der Prüfung wird häufiger nach der Skelett- als nach der glatten Muskulatur gefragt. Wahrscheinlich liegt das daran, dass die Einzelheiten des molekularen Mechanismus schon länger bekannt sind als bei den glatten Muskeln.

2.2.1 Aufbau einer Skelettmuskelfaser

Mit diesem Thema kannst du nicht nur in Physiologie, sondern auch in Histologie Punkte sammeln – es lohnt sich also, wenn du dich damit etwas ausführlicher beschäftigst.

Dicke und dünne Myofilamente

Innerhalb einer Skelettmuskelfaser befinden sich verschiedene Myofilamente, die sehr regelmäßig nebeneinander angeordnet sind. Dabei unterscheidet man zwischen dünnen und dicken Filamenten. Dicke Filamente bestehen aus bündelartig zusammenliegenden **Myosinmolekülen**. Diese Moleküle tragen an ihren Enden ein Myosinköpfchen, das eine entscheidende Rolle bei der Muskelkontraktion spielt. Auf Abb. 9, S. 21 kannst du sehen, dass die Köpfchen der Myosinmoleküle an den beiden Enden des Bündels liegen und jeweils in die entgegengesetzte Richtung zeigen. In der Mitte sind die entgegensetzt liegenden Myosinmoleküle im Bereich der M-Linie miteinander verbunden. Zu den dünnen Filamenten gehören **Aktin und Tropomyosin**. Aktinfilamente bestehen aus kugeligen G-Aktin-Molekülen, die wie eine Perlenkette aneinandergereiht sind. Zwei dieser Perlenketten liegen verdrillt nebeneinander und bilden das F-Aktin (kann u. a. gebundenes ATP zu ADP und Phosphat hydrolysieren). Zwischen diesen beiden Perlenketten liegt ein dünnes, fadenförmiges Molekül: das Tropomyosin. An diesem Tropomyosinfaden wiederum sind in regelmäßigen Abständen Troponinmoleküle befestigt. Troponinmoleküle bestehen aus drei Untereinheiten: Die Untereinheit Troponin-T dient der Befestigung an das fadenförmige Tropomyosin. Troponin-I inhibiert bei niedrigen intrazellulären Ca^{2+}-Konzentrationen den Querbrückenzyklus, und das Troponin-C kann Calciumionen binden.

Dünne und dicke Filamente sind in der Muskelzelle so nebeneinander angeordnet, dass sich die Enden der dünnen Filamente mit der Region der Myosinköpfchen der dicken Filamente überlappen. Dünne und dicke Filamente bilden zusammen eine funktionelle Einheit, die man als Sarkomer bezeichnet. Innerhalb einer Muskelfaser sind viele Sarkomere hintereinander angeordnet. Im Bereich der Z-Scheiben sind sie miteinander verbunden.

Die Anordnung der Moleküle ist aber nicht nur innerhalb eines einzelnen Sarkomers sehr regelmäßig, sondern auch die Sarkomere selbst sind innerhalb einer Muskelzelle gleichmäßig nebeneinander angeordnet. Diese Ordnung ist schon lichtmikroskopisch als Querstreifung sichtbar.

Bei einer Muskelkontraktion gleiten die Aktin- und Myosinfilamente aneinander vorbei. Sie werden innerhalb eines **Sarkomers** teleskopartig ineinander geschoben. Ein einzelnes Sarkomer kann sich dabei zwar nur um etwa ein tausendstel Millimeter verkürzen,

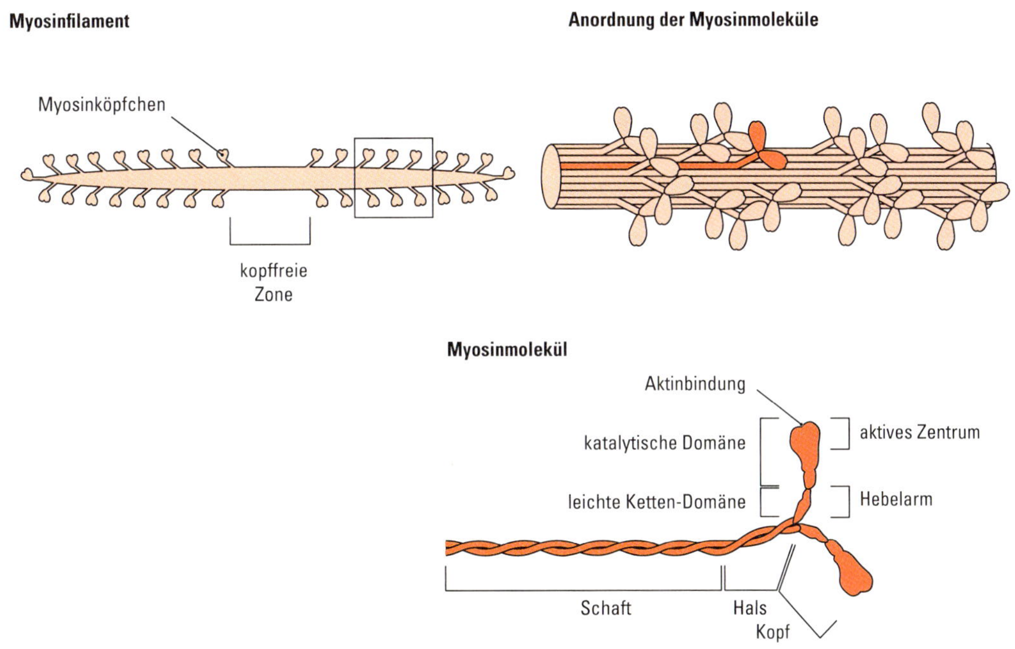

Abb. 9: Myosin *medi-learn.de/6-physio5-9*

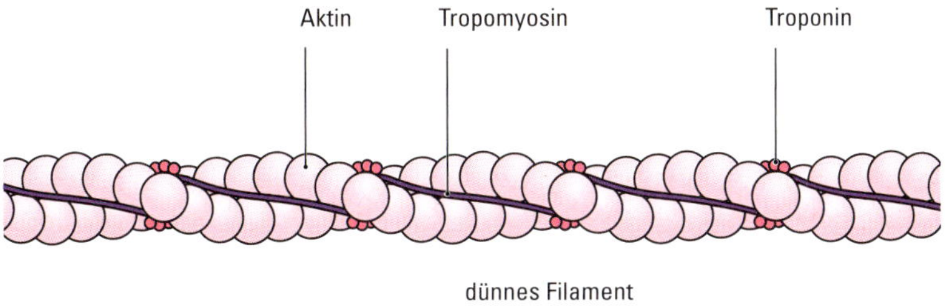

Abb. 10: Dünne Filamente *medi-learn.de/6-physio5-10*

da aber in einer Muskelfaser viele tausend Sarkomere hintereinander liegen, ergibt sich insgesamt die an einem Skelettmuskel gut sichtbare Verkürzung von vielen Zentimetern. Die Streifen, die an einem Sarkomer zu erkennen sind, ergeben sich also durch die Anordnung der dicken und der dünnen Filamente. Der Bereich eines Sarkomers, in dem sich die Myosinfilamente befinden, wird als **A-Bande** bezeichnet. Da sich nun bei einer Kontraktion nicht die Myosinfilamente selbst verkürzen, sondern nur Aktin und Myosin ineinander geschoben werden, ändert sich die Länge der A-Bande bei einer Kontraktion NICHT.

Die **I-Bande** ist der Bereich an den Enden eines Sarkomers, in dem zwar noch Aktinfilamente, aber keine Myosinfilamente mehr liegen. Als **H-Zone** bezeichnet man den Bereich in der Mitte eines Sarkomers, in dem kein Aktin mehr zu finden ist. Da sich bei der Kontraktion Aktin und Myosin ineinander schieben und dadurch die Aktinfilamente zur Sarkomermitte gleiten, werden die I-Bande und die H-Zone bei einer Kontraktion kürzer.

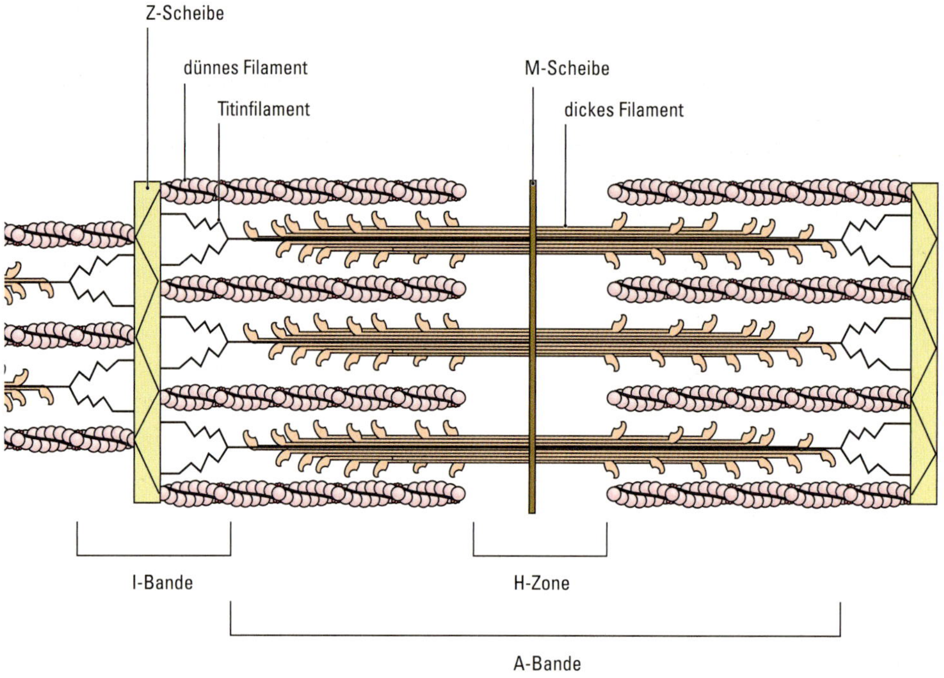

Abb. 11: Sarkomer *medi-learn.de/6-physio5-11*

Über die beschriebenen dicken und dünnen Filamente hinaus findet sich als weiterer wichtiger Bestandteil das **Titin**. Es besteht aus sehr großen Molekülen und ist in der Mitte des Sarkomers an den M-Streifen, an den Enden jeweils an den Z-Scheiben befestigt. Es hat eine Art Federfunktion: Wird das Sarkomer auseinandergezogen, kann Titin das Sarkomer wie eine gespannte Feder in die Ausgangsposition zurückversetzen. Damit ist es aufgrund seiner elastischen Eigenschaften am meisten für die Längen-Spannungsbeziehung (Ruhedehnungskurve) eines Skelettmuskels verantwortlich. Es trägt damit zum Dehnungswiderstand inaktiver Skelettmuskelfasern bei.
Es sind immer sechs Aktinfilamente um ein Myosinfilament herum gruppiert. Bei genauer Betrachtung der Quartärstruktur des Myosins fällt auf, dass ein Myosinmolekül aus zwei schweren und vier leichten Ketten besteht.

Merke!

- Dicke Filamente bestehen aus Myosin.
- Dünne Myofilamente bestehen aus Troponin, Tropomyosin und Aktin.
- Ein Sarkomer ist der Abschnitt zwischen zwei Z-Scheiben.
- Titin ist aufgrund seiner elastischen Eigenschaften am meisten für die Längen-Spannungsbeziehung eines ruhenden Skelettmuskels verantwortlich.

2.2.2 Innervation der Muskelzelle

Zur Innervierung der Muskelzelle wird in der schriftlichen Prüfung vor allem nach dem nikotinischen (nikotinergen) Acetylcholin-Rezeptor gefragt. Das Thema wird dir übrigens in der Pharmakologie und in der Anästhesie wieder begegnen, denn bei einer Narkose lässt sich die Innervierung der Muskelzellen gezielt ausschalten.

Motorische Einheit

Quergestreifte Muskelfasern werden von Aα-Motoneuronen innerviert. Bei einer Schädigung der Aα-Motoneurone kommt es daher zu einer schlaffen Lähmung der betroffenen Muskelfasern. Die Perikaryen der Motoneurone liegen in den Vorderhörnern des Rückenmarks. Eine Ausnahme bilden die quergestreiften Muskeln, die von Hirnnerven versorgt werden. Ein Motoneuron bildet dabei mehrere Kollateralen, die dann jeweils eine Muskelzelle versorgen. Man bezeichnet ein Motoneuron zusammen mit seinen Kollateralen und den davon innervierten Muskelfasern als **motorische Einheit**. Wird das Motoneuron einer motorischen Einheit aktiviert, kontrahieren sich alle zugehörigen Muskelfasern gemeinsam. Dabei wird eine Muskelzelle immer nur von einer einzelnen Kollateralen erreicht.
Je nachdem, wie fein ein Muskel gesteuert werden muss, verzweigt sich das Motoneuron in mehr oder weniger Kollateralen. Die Motoneurone für die Augenmuskeln zum Beispiel, die sehr präzise gesteuert werden müssen, verzweigen sich nur auf bis zu zehn einzelne Muskelfasern. Motoneurone für Extremitäten hingegen teilen sich in mehrere hundert Verzweigungen, die dann entsprechend viele Muskelfasern ansteuern. Augenmuskeln haben also viel kleinere motorische Einheiten als z. B. der M. biceps brachii.

Merke!

- Die Skelettmuskelfasern, die zu einer motorischen Einheit gehören, werden von einem einzelnen Aα-Motoneuron innerviert.
- Muskelfasern einer einzelnen motorischen Einheit kontrahieren sich bei der Erregung des zugehörigen Motoneurons alle gemeinsam.

Motorische Endplatte

Eine Kollaterale eines Motoneurons versorgt also eine einzelne Muskelfaser. In dem der Muskelfaser anliegenden Bereich ist das Axon des Motoneurons ein wenig verdickt. Man bezeichnet diesen verdickten Bereich als **Endknopf**. Am Endknopf überträgt das Axon des Motoneurons das Signal auf die Membran der Muskelfaser. Zur Übertragung wird in den Spalt zwischen der Endplatte und der Muskelzellmembran der

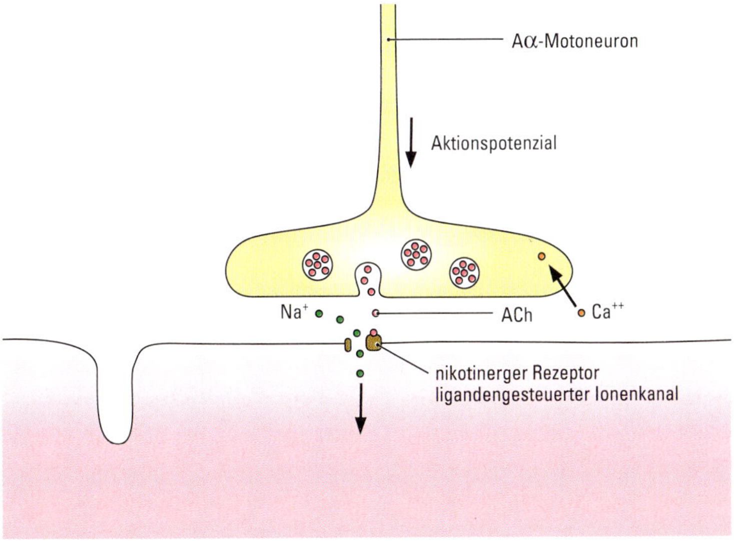

Abb. 12: Motorische Endplatte

medi-learn.de/6-physio5-12

Neurotransmitter **Acetylcholin** ausgeschüttet. Das Signal wird mittels einer chemischen Synapse auf die Muskelzellmembran übertragen. Diese chemische Synapse zusammen mit dem Endknopf und der darunterliegenden Muskelfasermembran bezeichnet man als motorische Endplatte. Die Membran an der Unterseite des Endknöpfchens ist – ebenso wie die darunterliegende Membran der Muskelfaser – aufgefältelt, um die Oberfläche für die Übertragung zu vergrößern.

Das Acetylcholin ist im Bereich der motorischen Endplatte in kleinen Vesikeln gespeichert. Es wird ausgeschüttet, wenn ein Aktionspotenzial über die Membran des Motoneurons läuft. Initial jedoch erfolgt eine rasche Depolarisation des Alpha-Motoneurons bis hin zum Axonhügel über eine positive rückkoppelnde Öffnung potenzialgesteuerter Natrium-Kanäle. Dazu öffnen sich an der präsynaptischen Membran des Motoneurons spannungsabhängige Calcium-Kanäle, sodass es zu einem Einstrom von Calcium-Ionen kommt. Dieser Calcium-Einstrom bewirkt die Exozytose der Vesikel und damit die Ausschüttung des Acetylcholins.

Botulismus ist eine Erkrankung, die durch das Gift des Bakteriums Clostridium botulinum ausgelöst wird. Diese Bakterien vermehren sich z. B. in unzureichend sterilisierten Dosenkonserven, was an der Dose wegen der Gasbildung dieser Bakterienart an einer Wölbung des Dosendeckels nach oben erkennbar ist. Das Gift Botulinustoxin blockiert die Ausschüttung der Acetylcholinvesikel und unterbricht damit die Übertragung vom Motoneuron zur Muskelfaser (dies geschieht durch Spaltung von Proteinen des SNARE-Komplexes): Der Muskel wird gelähmt. Bereits geringe Mengen des Toxins können eine tödliche Lähmung der Atemmuskulatur hervorrufen.

Übrigens ...
Botulinustoxin (kurz = Botox) wird gelegentlich in stark verdünnter Form in die Gesichtsmuskulatur injiziert, um die Muskeln dort zu lähmen und so z. B. einen unwillkürlichen Spasmus der Gesichtsmuskulatur zu lindern (z. B. Blepharospasmus). Daneben beeinflussen auch manche Ionen, wie z. B. Mg^{2+}, die Membraneigenschaften der Endplatte: Ein Magnesium-Mangel führt zu einer gesteigerten neuromuskulären Erregbarkeit, ein Magnesium-Überschuss senkt sie.

Acetylcholin diffundiert, nachdem es in den synaptischen Spalt ausgeschüttet wurde, zur Muskelzellmembran. Es bindet dort an spezifische Acetylcholin-Rezeptoren des nikotinischen Typs. Diese Rezeptoren sind **ligandengesteuerte (Kat-) Ionenkanäle**: Bindet ihr Ligand – in diesem Fall Acetylcholin – öffnet sich ein Kanal und Ionen können hindurchströmen. An der motorischen Endplatte strömen nach Bindung von Acetylcholin Na^+-Ionen vom Extrazellulärraum ins Innere der Muskelzelle. Durch den Natriumeinstrom depolarisiert die Muskelzellmembran im Bereich der Synapse und es entsteht ein **Endplattenpotenzial**. Die Acetylcholinmenge, die nach dem Aktionspotenzial am Motoneuron ausgeschüttet wurde, reicht für einen so großen Natriumeinstrom aus, dass die Membran der Muskelfasern bis zum Erreichen des Schwellenpotenzials depolarisiert wird. Das Endplattenpotenzial ist also unter physiologischen Bedingungen stets überschwellig. Ist das Schwellenpotenzial erreicht, öffnen sich an der Muskelzellmembran – ähnlich wie an der Membran von Nervenzellen – spannungsgesteuerte Natrium-Kanäle. So kann sich das Aktionspotenzial über die gesamte Membran der Muskelzelle ausbreiten. Nach kurzer Zeit löst sich das Acetylcholin wieder von seinem Rezeptor und wird noch im synaptischen Spalt vom Enzym **Acetylcholinesterase** in Acetat und Cholin zerlegt. Diese Stoffe können präsynaptisch vom Motoneuron wieder aufgenommen und zu Acetylcholin resynthetisiert werden.

Die (acetyl-) cholinerge Übertragung des Signals vom Motoneuron auf die Muskelfaser kann durch unterschiedliche Stoffe beeinflusst werden. Für die Physikumsprüfung ist davon besonders **Curare** relevant, das als Pfeilgift verwendet wurde und das Toxin d-Tubocurarin enthält. Dieser Stoff bindet – ähnlich wie Acetylcholin – an die Rezeptoren der Muskelzellmembran (subsynaptische Rezeptoren). Er

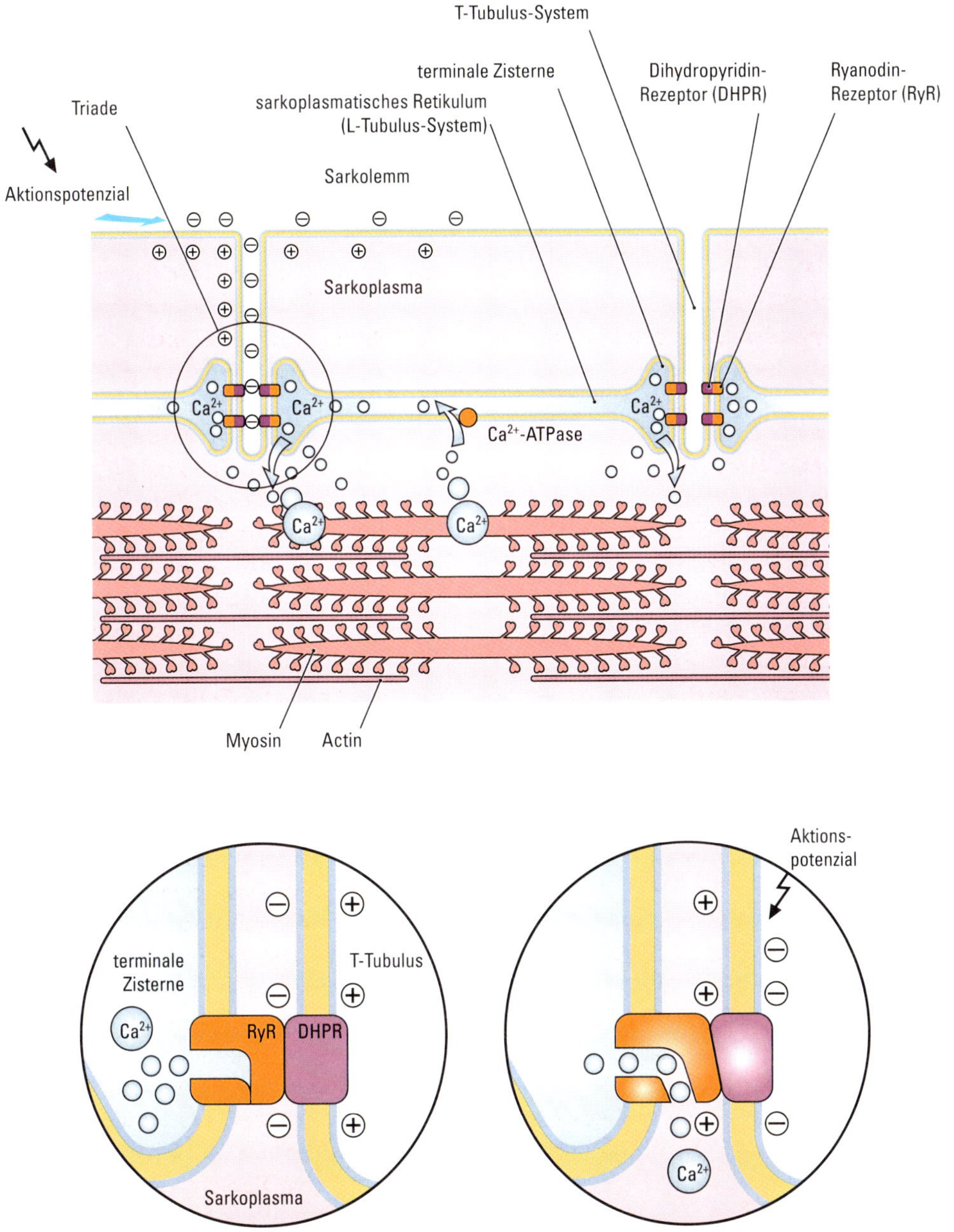

Abb. 13: Triade und Ca^{2+}-Freisetzung im Skelettmuskel

medi-learn.de/6-physio5-13

wirkt antagonistisch zum Acetylcholin, d. h. er bindet an den Rezeptor, löst aber keine Öffnung des Ionenkanals aus. Da die Acetylcholinrezeptoren durch Curare blockiert werden, kann das Signal vom Motoneuron nicht mehr übertragen werden und der Muskel wird gelähmt. Eine ähnliche Lähmung kann auch durch den Stoff Succinylcholin erfolgen, der Mechanismus ist jedoch ein anderer: Succinylcholin ist ein Agonist am Acetylcholin-Rezeptor, öffnet ihn dauerhaft und überführt ihn damit in einen inaktiven Zustand.

Curareähnliche Stoffe werden in der Anästhesie verwendet, um beim Patienten eine Muskelrelaxtion hervorzurufen. Sie führen bei ausreichender Dosierung zu einer völligen Lähmung der Skelettmuskulatur während der Operation. Natürlich darf ein Anästhesist nicht nur das Muskelrelaxans verabreichen, sondern muss gleichzeitig den Patienten narkotisieren: Der Patient würde die Operation sonst bei vollem Bewusstsein miterleben, ohne sich in irgendeiner Form bemerkbar machen zu können, da ja alle willkürlich gesteuerten Muskeln gelähmt sind.

Merke!

Acetylcholin-Rezeptoren an der neuromuskulären Endplatte
- sind nikotinisch (nikotinerg),
- sind ligandengesteuerte Ionenkanäle,
- erhöhen die Leitfähigkeit für monovalente Kationen (hier Na^+) – Folge: Na^+-Einstrom,
- lösen nach Erregung ein (normalerweise überschwelliges) Endplattenpotenzial aus und
- sind durch Curare bzw. d-Tubocurarin blockierbar.

  Acetylcholinesterase-Hemmer führen zu einer Zunahme der Acetylcholin-Konzentration und verlängern dadurch das Endplattenpotenzial.

Bei der neurologischen Erkrankung **Myasthenia gravis** bilden sich aus noch nicht genau bekannter Ursache Antikörper, die ähnlich wie Curare die Acetylcholinrezeptoren blockieren. Die Erkrankung beginnt meist mit einer zunehmenden muskulären Ermüdbarkeit, die sich zunächst in den Muskeln der Augenlider bemerkbar macht. Am Abend klagen diese Patienten darüber, dass sie ihre Augen buchstäblich nicht offen halten können. Ein solches ungewolltes Herabhängen eines Augenlids bezeichnet man als Ptose. Die Symptome nehmen ab, wenn man die Acetylcholinkonzentration im synaptischen Spalt erhöht: So können die noch verfügbaren Rezeptoren stärker erregt werden. Allerdings kann das Acetylcholin nicht einfach injiziert werden, da es bereits in der Blutbahn zu Acetat und Cholin gespalten würde. Man hilft sich deshalb mit einem Hemmstoff der Acetylcholinesterase: Ein derartiger Hemmstoff – z. B. Physostigmin oder das in der Klinik zur Diagnostik der Myasthenia gravis verwendete Tensilon – hemmt die Acetylcholin-Spaltung, sodass in der Synapse mehr Acetylcholin zur Verfügung steht. Damit führt eine Hemmung der Cholinesterase zu einer Verlängerung des Endplattenpotenzials.

2.2.3 Ausbreitung der Erregung in der Muskelzelle

Nachdem ein überschwelliges Potenzial an der Muskelzellmembran erzeugt wurde, breitet sich ein Aktionspotenzial über die gesamte Membran der Muskelfaser aus.
Die Muskelzellmembran hat an mehreren Stellen Einstülpungen, die man transversale Tubuli oder kurz **T-Tubuli** nennt. Diese T-Tubuli sind nach außen hin offen. Innen in der Zelle liegt den T-Tubuli das L-Tubulus-System (longitudinaler Tubulus) an. Dabei handelt es sich um das endoplasmatische Retikulum der Muskelzelle, das man hier auch sarkoplasmatisches Retikulum nennt. Als Triade bezeichnet man den Bereich, in dem sich rechts und links seitlich des T-Tubulus jeweils ein L-Tubulus anlagert. Das **L-Tubulus-System** ist der Calcium-Spei-

cher eines Skelettmuskels. Es trägt Ca^{2+}-ATPasen in seiner Membran, die Calcium-Ionen aus dem Zytoplasma der Muskelzelle ins Innere des L-Systems pumpen. Durch diesen Mechanismus wird das Zytoplasma der ruhenden Muskelzelle extrem calciumarm: Die Konzentration an freien Calcium-Ionen liegt hier bei nur 10^{-7} mol/l.

Merke!

- Die Membran einer Skelettmuskelzelle enthält Vertiefungen, die man als T-System oder auch als transversale Tubuli bezeichnet.
- Die transversalen Tubuli der Skelettmuskelzelle sind zum Extrazellulärraum hin offen.

2.2.4 Calciumfreisetzung in der Muskelzelle

Calcium-Ionen ermöglichen das Aneinandergleiten der Aktin- und Myosinfilamente und damit die Muskelkontraktion (s. 2.2.6, S. 28). Deshalb werden Calcium-Ionen bei einer Erregung der Muskelzelle aus dem L-System (sarkoplasmatisches Retikulum) freigesetzt. Doch wie kommt es überhaupt zur Freisetzung der Calcium-Ionen aus dem L-System? Nach der Signalübertragung breitet sich mit dem Acetylcholin ein Aktionspotenzial vom Aα-Motoneuron über die Membran der Muskelzelle aus (s. Abb. 12, S. 23). Dieses Aktionspotenzial wird auch in die Einstülpungen, also in das T-Tubulus-System, geleitet. In der Tiefe dieser Einstülpungen befindet sich an der Zellmembran ein Protein, das man als Dihydropyridin-Rezeptor bezeichnet. In direktem Kontakt mit dem **Dihydropyridin-Rezeptor** steht eine weiteres Protein: der **Ryanodin-Rezeptor**. Während der Dihydropyridin-Rezeptor an der Membran des T-Systems liegt, findet sich der Ryanodin-Rezeptor an der Membran des L-Systems. Ein Aktionspotenzial im T-System verändert jetzt die Form des Dihydropyridin-Rezeptors, der seinerseits wie eine Art Schalter die Form des Ryanodin-Rezeptors verändert. Der Ryanodin-Rezeptor wird durch seine Formveränderung durchlässig für Calcium-Ionen, die daraufhin aus dem sarkoplasmatischen Retikulum in das Zytoplasma der Skelettmuskelzelle strömen. Die Calcium-Ionenkonzentration steigt so von 10^{-7} mol/l um etwa das hundertfache auf ca. 10^{-5} mol/l. Nach kurzer Zeit schließt sich der Ryanodin-Rezeptor, und die Ca^{2+}-ATPasen pumpen die Calciumionen rasch in das sarkoplasmatische Retikulum zurück, sodass die Calcium-Ionenkonzentration schnell wieder sinkt (s. Abb. 13, S. 25).

Hier findest du das Wichtigste noch einmal kurz zusammengefasst:
- In der Membran der transversalen Tubuli liegen Dihydropyridin-empfindliche Rezeptoren,
- in der Membran der longitudinalen Tubuli sind es Ryanodin-Rezeptoren.
- Die Aktivierung der Skelettmuskelfaser führt zur Aktivierung der spannungssensitiven, Dihydropyridin-empfindlichen Rezeptoren im T-System. Diese wiederum vermittelt die Aktivierung der Ryanodin-Rezeptoren, wodurch es zur Calcium-Ionenfreisetzung aus dem sarkoplasmatischen Retikulum kommt.
- Der starke Anstieg der Calcium-Ionen im Sarkoplasma aktiviert die kontraktilen Elemente des Skelettmuskels durch Bindung an Troponin-C.
- Die Calcium-Ionen werden anschließend durch Ca^{2+}-ATPasen rasch wieder in das longitudinale tubuläre System zurückgepumpt.

2.2.5 Elektromechanische Kopplung

Nun zur Aufgabe der freigesetzten Calcium-Ionen: Neben dem Aktinfilament, das du dir wie zwei ineinander verdrillte Perlenketten vorstellen kannst, liegt das fadenförmige Tropomyosin, an dem in regelmäßigen Abständen Troponinmoleküle befestigt sind. Dabei liegt der Tropomyosinfaden so am Aktin, dass Bindungsstellen des Aktins für das Myosinköpfchen verdeckt werden. Auf Abb. 14, S. 29 ist zu sehen, wie beim ruhenden Muskel der „Faden" über den freien Bindungsstellen liegt.

Solange die Calcium-Ionenkonzentration bei ihrem Ruhewert von ca. 10^{-7} mol/l liegt, sind die Aktinbindungsstellen für das Myosin also durch das Tropomyosin blockiert.
Bei Erregung der Muskelfaser erhöht sich die Ca^{2+}-Konzentration im Zytoplasma der Muskelzelle. Die Calcium-Ionen binden an das Troponin C, wodurch sich dessen Form verändert. Da das Tropomyosin am Troponin befestigt ist, ändert das Tropomyosin ebenfalls seine Form. Dadurch wird es ein wenig weggeschoben und macht die Bindungsstellen des Aktins für das Myosinköpfchen frei. Calcium-Ionen ermöglichen also die Bindung zwischen Aktin und dem Myosinköpfchen. Sie vermitteln die elektromechanische Kopplung: Dem elektrischen Signal, das vom Motoneuron ausgeht und nach synaptischer Übertragung die Muskelzellmembran depolarisiert, folgt eine mechanische Kontraktion der Muskelzelle.

Merke!

- Der Troponin-Komplex stabilisiert im Ruhezustand die Lage des Tropomyosins auf dem F-Aktin.
- Die Aktinbindungsstellen für Myosin sind bei einer sarkoplasmatischen Calciumkonzentration von 10^{-7} mol/l durch Tropomyosin blockiert.
- Die Ca^{2+}-Bindung an Troponin C löst Konformationsänderungen aus, die zur Freilegung der Bindungsstelle eines Myosinkopfs auf dem F-Aktin führen.

2.2.6 Gleitfilamenttheorie

Die Aktin- und Myosinfilamente liegen in regelmäßiger Anordnung nebeneinander und schieben sich bei einer Muskelkontraktion teleskopartig ineinander (s. Abb. 11, S. 22). Dazu muss Energie aufgewendet werden, die in der Muskelzelle durch ATP-Spaltung gewonnen wird. Am Myosinköpfchen findet sich dazu eine Region mit **ATP-ase-Eigenschaft**. Zunächst muss also ATP an diesen Abschnitt des Myosinköpfchens gebunden sein. Wird dieses ATP gespalten, ändert sich die Form des Köpfchens: Es wird ein wenig abgekippt und dabei – ähnlich wie eine Feder – gespannt (s. Abb. 14 a, S. 29). Das durch die Spaltung entstandene ADP und das Phosphat verbleiben zunächst am Myosinköpfchen. Nachdem der Muskel neuronal aktiviert wurde, das Calcium freigesetzt ist und an das Troponin gebunden hat, kann der gespannte Myosinkopf an das Aktin binden (s. Abb. 14 b, S. 29).
Nun wird das Phosphat vom Myosinköpfchen abgespalten. Dadurch kippt der gespannte Myosinkopf wieder zurück und schiebt mit seiner Federkraft das gebundene Aktin ein Stückchen weiter (s. Abb. 14 c, S. 29).
Schließlich löst sich das ADP vom Myosinköpfchen (s. Abb. 14 d, S. 29).
Jetzt ist der Platz für ein neues ATP-Molekül frei. Erst nachdem sich erneut ATP an das Myosinköpfchen gebunden hat, kann sich das Myosinköpfchen vom Aktin lösen (s. Abb. 14 e, S. 29). Somit dient ATP neben der Energiebereitstellung für die Kontraktion auch als „Weichmacher" zwischen Aktin und Myosin.
Hat sich das Myosin abgelöst, kann der Zyklus von Neuem beginnen: ATP wird gespalten und der Myosinkopf wird wieder gespannt (s. s. Abb. 14 f, S. 29). ATP ist also für die Ablösung des Myosinköpfchens unbedingt erforderlich.

Übrigens ...
Wenn ein Mensch stirbt und der Stoffwechsel zum Erliegen kommt, kann kein ATP mehr nachgeliefert werden. Dann löst sich das Myosinköpfchen nicht mehr vom Aktin und der Muskel wird starr. Dies ist die Ursache für die Totenstarre, den Rigor mortis. Erst nach Tagen löst sich die Totenstarre an der Leiche wieder, allerdings nicht durch ATP-Nachschub, sondern durch enzymatische Selbstauflösung (Autolyse) und bakterielle Fäulnisvorgänge.

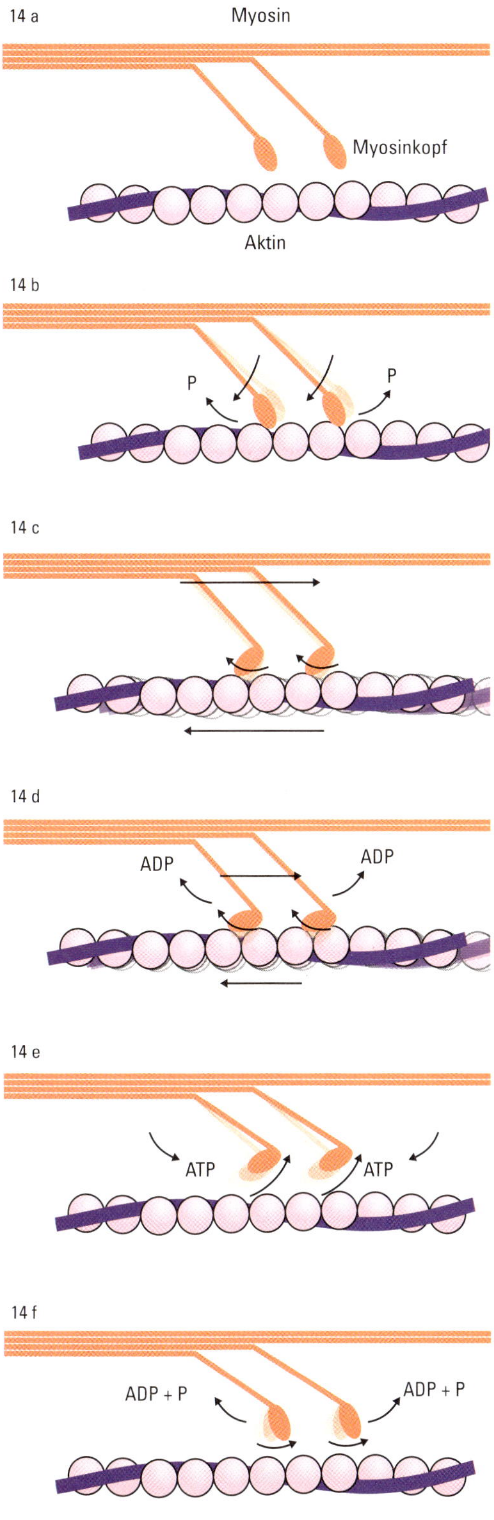

Abb. 14: Filamentgleiten *medi-learn.de/6-physio5-14*

Merke!

- Der Myosinkopf hat ATPase-Aktivität und spaltet folglich ATP.
- Das Myosinköpfchen wird durch ATP-Spaltung gespannt und ist bereit für den nächsten Kontraktionszyklus.
- Während der Kontraktion bilden sich Querbrücken zwischen Aktin und Myosin.
- Das Entfernen der ATP-Hydrolyseprodukte vom Myosinkopf ist ein Teilprozess im Kontraktionszyklus.
- Kommt kein neues ATP an das Myosin, unterbleibt das Lösen des Myosinkopfes vom Aktinfilament. Folge: Rigorkomplex.
- Beim lebenden Menschen löst sich die Querbrücke zwischen Aktin und Myosin durch die Bindung von ATP an den Myosinkopf.

2.2.7 Muskelmechanik

Die Kraftentwicklung einer Muskelfaser hängt davon ab, wie viele Querbrücken sich durch die Bindung zwischen den Myosinköpfchen und dem Aktin ergeben. Je mehr Querbrücken vorhanden sind, desto mehr Kraft kann die Faser entwickeln. Wird eine Muskelfaser zu sehr in die Länge gedehnt, sinkt die Kraftentwicklung, da einige der Myosinköpfchen keine Bindung mehr mit dem Aktin eingehen können und daher „ins Leere rudern". Ist die Faser hingegen zu gering gedehnt, überlappen sich Aktinfilamente und behindern sich gegenseitig in ihrer Interaktion mit dem Myosin. Optimal ist die Kraftentwicklung bei einer Sarkomerlänge von etwa 2,0–2,2 µm, da sich hier die meisten Querbrücken bilden können.

Außer von der Sarkomerlänge hängt die Kraftentwicklung auch von der Verkürzungsgeschwindigkeit ab. Je schneller sich ein Muskel verkürzen muss, desto weniger Kraft kann er entwickeln. Deshalb kann man einen leichten Gegenstand normalerweise rasch anheben, während ein schweres Gewicht nur relativ langsam gehoben werden kann.

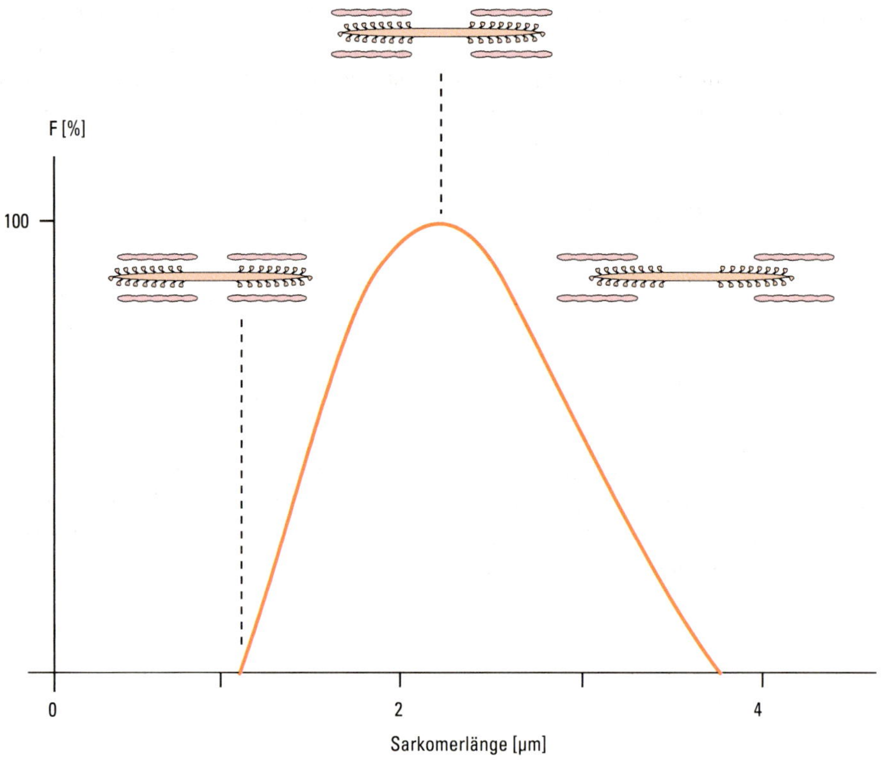

Abb. 15: Kraftentwicklung in Abhängigkeit von der Sarkomerlänge *medi-learn.de/6-physio5-15*

Die Kurve in Abb. 16, S. 30 stellt das Verhältnis von Kraftentwicklung und Verkürzungsgeschwindigkeit einer Muskelfaser dar – das Produkt beider Größen ergibt die mechanische Leistung.

Merke!

Die Abhängigkeit der maximalen Kraftentwicklung einer Skelettmuskelfaser von deren Vordehnung beruht auf – je nach Vordehnung – unterschiedlich starker Überlappung von Aktin- und Myosinfilamenten.

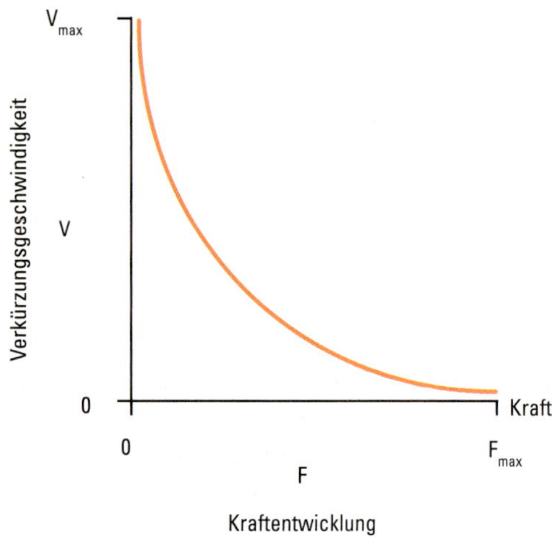

Abb. 16: Kraftentwicklung und Verkürzungsgeschwindigkeit (Hill-Kurve)
medi-learn.de/6-physio5-16

2.2.8 Steuerung der Kraftentwicklung

Das Gehirn hat mehrere Möglichkeiten, die Kraftentwicklung eines Skelettmuskels zu beeinflussen. Über die Pyramidenbahn steuert es die Aktivität der Aα-Motoneurone. Wird an solch einem Nerv ein einzelnes Aktionspotenzial erzeugt, schüttet er so viel Acetylcholin aus, dass die Muskelfaser einmal zuckt. Nach der Zuckung wird in der Muskelzelle mit Hilfe der Ca^{2+}-ATPase das Ca^{2+} in das sarkoplasmatische Retikulum zurückgepumpt und der Muskel entspannt sich wieder.

Wenn das ZNS mehrere Aktionspotenziale am Motoneuron hintereinander auslöst, können sich die einzelnen Zuckungen überlagern. Die Muskelanspannung nach einer Zuckung lässt dann bei ausreichend hoher Frequenz nicht mehr schnell genug nach und die Einzelzuckungen summieren sich auf. Dieser Vorgang wird als **Superposition** bezeichnet.

Werden Aktionspotenziale in noch höherer Frequenz übertragen, bleibt den Ca^{2+}-ATPasen zu wenig Zeit, die Calciumionen in das sarkoplasmatische Retikulum zurückzupumpen. Die Einzelzuckungen überlagern sich (Superposition) und verschmelzen zu einer einheitlichen, gleichmäßig anhaltenden Kontraktion des Muskels. Diese Art der Kontraktion bezeichnet man als **tetanische Kontraktion**.

Eine (sub-) tetanische Kontraktion ist keineswegs krankhaft. Es handelt sich hierbei vielmehr um die normale, aus dem Alltag bekannte Muskelkontraktion bei willkürlichen Bewegungen des Körpers.

Die Kraftentwicklung kann außer durch die Aktivität der Aα-Motoneurone auch dadurch gesteuert werden, dass innerhalb eines Muskels je nach Bedarf mehr oder weniger motorische Einheiten (s. 2.2.2, S. 22 f.) angesteuert werden. Ein Muskel wie z. B. der M. biceps brachii enthält viele motorische Einheiten, von denen jede einzelne mehrere hundert Muskelfasern hat. Wird nur wenig Kraft benötigt, werden im Muskel nur wenige motorische Einheiten aktiviert. Deshalb sind bei den meisten Willkürbewegungen die **motorischen Einheiten asynchron tätig**. Ist die Maximalkraft gewünscht, muss das ZNS dafür sorgen, dass alle motorischen Einheiten herangezogen – man sagt auch rekrutiert – werden.

Merke!

- Willkürliche Skelettmuskelkontraktionen sind in der Regel (unvollständig oder vollständig) tetanisch.
- Tetanische Kontraktionen entstehen durch Superposition (mechanische Summierung) von Einzelkontraktionen der Fasern.
- Motorische Einheiten sind bei willkürlichen Skelettmuskelkontraktionen meist asynchron tätig.

2.2.9 Kontraktionsformen

Unterschieden werden die isotonische und die isometrische Kontraktion, außerdem die Mischform auxotonische Kontraktion und schließlich die kombinierten Formen Anschlags- und Unterstützungszuckung. Keine Sorge – das sieht komplizierter aus als es ist.

Isotonische Kontraktion

Bei der isotonischen Kontraktion verkürzt sich ein Muskel, wobei die Kraftentwicklung während des Kontraktionsvorgangs konstant bleibt. Die Sarkomerlänge nimmt daher während der Kontraktion ab. Eine isotonische Kontraktion kommt im lebenden Organismus kaum vor, da die Kraftentwicklung während der Kontraktion nur selten tatsächlich unverändert bleibt. Auf Abb. 17, S. 33 siehst du, dass bei einer isotonischen Kontraktion die Messpunkte für Kraft und Länge auf einer waagrechten Linie liegen.

Isometrische Kontraktion

Bei der isometrischen Kontraktion übt ein Muskel zwar Kraft aus, kann sich aber nicht verkürzen. Eine solche Kontraktion führt man z. B. aus, wenn man mit dem Arm gegen eine feststehende Mauer drückt: Es wird zwar Kraft an der Mauer ausgeübt, aber die Länge des Muskels ändert sich nicht. Allerdings wird der Muskel angespannt. Dadurch wird Druck auf die Muskelgefäße ausgeübt, sodass die Muskeldurchblutung bei einer isometrischen Kontraktion relativ schlecht ist und es schneller zur Ermüdung kommt.

Auxotone Kontraktion

Eine auxotone Kontraktion ist eine Mischform, bei der sich sowohl die Länge eines Muskels als auch seine Kraftentwicklung gleichzeitig ändern. Die weitaus meisten Kontraktionen beim Menschen sind auxoton. Wenn man z. B. den gestreckten Arm mit dem M. deltoideus seitlich anhebt, verkürzt sich der Muskel, gleichzeitig muss auch die Kraft gesteigert werden, da der M. deltoideus bei dieser Bewegung mit einem immer schlechter werdenden Hebel ansetzt. Ein weiteres Beispiel einer auxotonen Kotraktionsform im menschlichen Organismus ist das Ventrikelmyokard (insbesondere während der ersten Hälfte der Austreibungsphase).

Anschlagszuckung

Die Anschlagszuckung ist das Gegenteil der Unterstützungszuckung. Hier ist der erste Teil der Kontraktion also isotonisch und der zweite Teil isometrisch. Ein Beispiel wäre ein Faustschlag auf den Tisch: Zunächst wird der Arm isotonisch bewegt, bis nach dem Aufschlag der Faust die Bewegung isometrisch wird.

Unterstützungszuckung

Dabei handelt es sich um eine Kontraktion, bei der zunächst eine isometrische Kontraktion ausgeführt wird, auf die eine isotonische Kontraktion folgt. Wenn man z. B. einen schweren Gegenstand hochhebt, kontrahiert sich der Muskel solange isometrisch, bis die träge Masse des Gegenstands überwunden ist und die Kontraktion (annähernd) isotonisch wird.

Merke!

- Bei der isotonischen Kontraktion wird die Sarkomerlänge geringer.
- Bei der isometrischen Kontraktion wird die Muskeldurchblutung rasch unzureichend für eine rein aerobe Energiegewinnung.
- Bei der Unterstützungszuckung erfolgt zunächst eine isometrische, dann eine isotonische Kontraktion.
- Bei der Anschlagszuckung erfolgt zunächst eine isotonische, dann eine isometrische Kontraktion.
- Bei der auxotonen Zuckung handelt es sich um die Art der Kontraktion, die beim Lebenden am meisten zu finden ist.

2.2.10 Rote und weiße Skelettmuskelfasern

Quergestreifte Muskeln können in rote und weiße Muskelfasern unterteilt werden. Beim Menschen enthält ein Skelettmuskel beide Fasertypen, von denen jedoch in der Regel einer dominiert. Im schriftlichen Examen wird häufig nach Unterschieden zwischen diesen Fasertypen gefragt, wobei du nicht alles auswendig lernen musst: Wenn du weißt, dass rote Muskeln überwiegend oxidativ und weiße vor allem nichtoxidativ arbeiten, kannst du die meisten Antworten daraus ableiten.

Rote Fasern

In Muskeln mit Haltefunktion, z. B. im M. soleus, der beim Stehen das Umfallen nach vorne verhindert, oder auch in der autochthonen Rückenmuskulatur überwiegen rote Fasern.
Rote Muskelfasern sind vor allem durch ihre **geringe Ermüdbarkeit** gekennzeichnet. Sie können also über einen langen Zeitraum arbeiten, kontrahieren dafür allerdings nur lang-

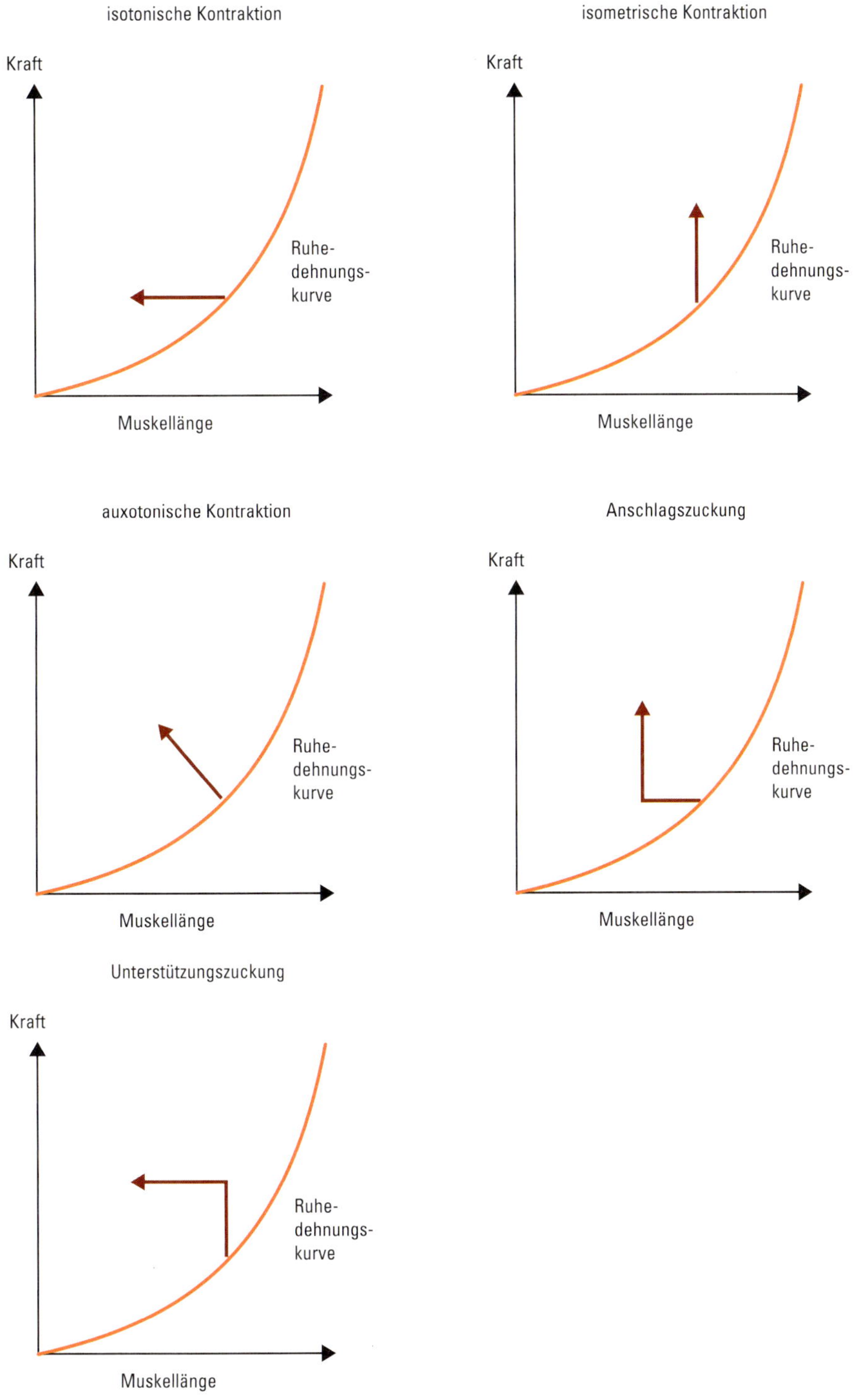

Abb. 17: Kontraktionsformen

medi-learn.de/6-physio5-17

roter Muskel	weißer Muskel
geringe Kontraktions- und Erschlaffungsgeschwindigkeit	hohe Kontraktions- und Erschlaffungsgeschwindigkeit
niedrige tetanische Kraftentwicklung	hohe tetanische Kraftentwicklung
niedrige tetanische Fusionsfrequenz	hohe tetanische Fusionsfrequenz
geringe Ermüdbarkeit	hohe Ermüdbarkeit
hoher oxidativer Stoffwechsel	geringer oxidativer Stoffwechsel
hoher Myoglobingehalt	geringer Myoglobingehalt
hohe Zahl Kapillaren/Gramm Muskel	geringe Zahl Kapillaren/Gramm Muskel
mehr Mitochondrien	weniger Mitochondrien
hohe Aktivität der Cytochromoxidase	geringe Aktivität der Cytochromoxidase
hohe Succinatdehydrogenase-Aktivität	geringe Succinatdehydrogenase-Aktivität
hohe Citratsynthase-Aktivität	geringe Citratsynthase-Aktivität
geringe Glykogenphosphorylase-Aktivität	hohe Glykogenphosphorylase-Aktivität
	hohe ATPase-Aktivität
	hohe LDH-Aktivität
	hohe Hexokinase-Aktivität
	hohe Glykogenkonzentration
	hohe Lactatbildung
	hohe Kreatinphosphat-Konzentration

Tab. 3: Gegenüberstellung von roten und weißen Muskelfasern

sam. Außerdem entwickeln sie weniger Kraft als weiße Muskelfasern.
Die tetanische Fusionsfrequenz ist bei roten Muskeln niedriger als bei weißen Muskeln, d. h. ihre Motoneurone müssen den Muskel nur mit einer geringen Aktionspotenzialfrequenz stimulieren, damit sich Einzelzuckungen zu einer gleichmäßigen, tetanischen Kontraktion aufsummieren.
Da sie nur langsam arbeiten müssen, gewinnen rote Muskelfasern ihre Energie hauptsächlich aus dem oxidativen Stoffwechsel. Um die dafür notwendige Sauerstoffversorgung sicherzustellen, enthalten sie pro Gramm Muskel mehr Kapillaren als weiße Muskeln, außerdem ist ihr Myoglobingehalt höher. So erklärt sich auch die rote Farbe der Muskeln mit überwiegender Haltefunktion.

Wegen ihrer überwiegend oxidativen Energiegewinnung enthalten rote Muskelfasern auch mehr Mitochondrien als weiße Fasern, und weisen natürlich eine höhere Konzentration der Enzyme des oxidativen Stoffwechsels auf: Die Aktivität der Cytochromoxidase, der Succinatdehydrogenase und der Citratsynthase ist hier besonders hoch.

Weiße Fasern

In Muskeln, die sich rasch bewegen müssen, wie z. B. der M. biceps brachii, kommen hauptsächlich weiße Muskelfasern vor. Diese Fasern haben eine **höhere tetanische Fusionsfrequenz**: Ihre Kontraktions- und Erschlaffungsgeschwindigkeit ist höher als bei roten Fasern, dafür ermüden sie aber auch rascher. Weiße Fasern sind weniger gut durchblutet als rote und enthalten auch weniger Myoglobin: Sie müssen ihre Energie rasch bereitstellen und gewinnen sie daher vor allem nichtoxidativ. Zur schnellen Energiegewinnung enthalten weiße Fasern relativ viel **Kreatinphosphat**. Außerdem sind sie sehr glykogenreich und die Aktivitäten der Enzyme Glykogenphosphorylase und Hexokinase sind entsprechend hoch.

Übrigens ...
Im Rahmen der anaeroben Glykolyse bildet sich in weißen Fasern rasch viel Lactat.

2.3 Glatte Muskeln

Glatte Muskeln funktionieren ähnlich wie quergestreifte Muskeln. Abgesehen vom histologischen Bild liegen die Unterschiede vor allem im Mechanismus, der die Kontraktion auslöst – entsprechend wird im schriftlichen Examen genau danach auch oft gefragt.
Die Stärke der Kontraktion eines glatten Muskels, d. h. sein Tonus, kann je nach Untertyp durch unterschiedliche Faktoren beeinflusst werden. Viele glatte Muskeln können ähnlich wie ein Skelettmuskel durch einen Neurotransmitter zur Kontraktion gebracht werden. Während beim Skelettmuskel an motorischen Endplatten Acetylcholin als Transmitter funktioniert, können an den Rezeptoren glatter Muskeln die unterschiedlichen Transmitter des vegetativen Nervensystems sowie verschiedene Hormone den Tonus beeinflussen. Auch im Stoffwechsel lokal anfallende Metabolite können an der Regulation des Tonus glatter Muskeln beteiligt sein. An einigen glatten Muskeln kann auch eine rein mechanische Dehnung eine Depolarisation mit nachfolgender Kontraktion auslösen. Man unterscheidet übrigens glatte Muskeln vom single-unit und solche vom sogenannten multi-unit-Typ. Bei single-unit-Muskeln funktioniert der Muskel als eine Einheit: Das heißt, dass die Muskelzellen untereinander mit gap junctions verbunden sind. Auf diese Weise führt eine neuronale Erregung zu einer schnellen Ausbreitung über den ganzen Muskel und zu dessen Kontraktion. Eine Feinabstimmung einzelner Muskelfasern ist so jedoch nicht möglich. Ein Beispiel ist die sich rhythmisch kontrahierende Darmmuskulatur. Multi-unit-Muskeln sind nicht über gap junctions miteinander verbunden, sodass „jede" Muskelzelle von einem Nerven aktiviert werden muss, der Tonus ist also neurogen. Ein Beispiel für multi-unit-Muskeln ist der M. ciliaris des Auges.

2.3.1 Calmodulin statt Troponin

Auch in glatten Muskelzellen finden sich Aktin- und Myosinfilamente, die allerdings nicht so regelmäßig angeordnet sind wie in quergestreiften Muskeln. Im Gegensatz zum quergestreiften Muskel enthalten glatte Muskelfasern KEIN Troponin. Tropomyosin hingegen ist – wie im Skelettmuskel – vorhanden. Für die Ca^{2+}-Bindung, die ja den Kontraktionsmechanismus auslöst, ist in glatten Muskelzellen **Calmodulin** zuständig. Zusätzlich gibt es in glatten Muskelzellen **Caldesmon** und **Calponin**, von denen vermutet wird, dass sie regulierend in den Kontraktionsprozess eingreifen.

2.3.2 Ca^{2+}-Einstrom in den glatten Muskel

Auch im glatten Muskel wird die Kontraktion durch einen Anstieg der Ca^{2+}-Konzentration im Zytoplasma der Muskelzelle ausgelöst. Das Ca^{2+} kommt hier ebenfalls zum Teil aus dem sarkoplasmatischen Retikulum. Diese Calcium-Ionenfreisetzung aus dem sarkoplasmatischen Retikulum wird beim glatten Muskel unter anderem über den Second-messenger **IP_3** gesteuert. Darüber hinaus strömen beim glatten Muskel auch aus dem Extrazellulärraum Calcium-Ionen in nennenswerter Menge ein. Glatte Muskeln haben an ihrer Zellmembran nämlich spannungsgesteuerte Ca^{2+}-Kanäle, die sich nach einem Aktionspotenzial an der Membran öffnen und so das Ca^{2+} einströmen lassen. Und als ob das noch nicht genug wäre, gibt es auch noch glatte Muskeln, die an ihrer Membran rezeptorgesteuerte Ca^{2+}-Kanäle tragen.

2.3.3 Kontraktionsmechanismus

Auch glatte Muskeln verkürzen sich durch ein Ineinandergleiten von Aktin- und Myosinfilamenten, das allerdings wesentlich langsamer abläuft als an quergestreiften Muskeln. Um eine Kontraktion auszulösen, muss am glatten Muskel das Myosin phosphoryliert werden. Dazu enthält die glatte Muskelzelle das Enzym Myosin-Leichtkettenkinase. Dieses Enzym muss zunächst durch Calmodulin aktiviert werden, das seinerseits durch Ca^{2+}-Bindung aktiviert werden muss. Es sind vier Ca^{2+}-Ionen notwendig, um ein Molekül Calmodulin zu aktivieren. Calciumbindung aktiviert also Calmodulin, das wiederum aktiviert die Myosin-Leichtkettenkinase und diese phosphoryliert dann die regulatorischen leichten Ketten des Myosins, sodass der Kontraktionsprozess ausgelöst wird. Wenn am Ende eines Kontraktionszyklus die Calciumionenkonzentration sinkt, wird das Calmodulin und damit im zweiten Schritt auch die Myosin-Leichtkettenkinase wieder deaktiviert. Soll sich nun der Muskel nicht weiter zusammenziehen, muss jetzt noch das Myosin wieder dephosphoryliert werden. Dazu enthalten glatte Muskelzellen das Enzym Myosin-Leichtkettenphosphatase, welches durch Dephosphorylierung des Myosins die Kontraktion stoppt.

2.3.4 Relaxationsmechanismus

Calmodulin kann die Myosin-Leichtkettenkinase aktivieren und damit eine Kontraktion bewirken. Die Myosin-Leichtkettenkinase selbst kann aber auch deaktiviert werden: Der Second messenger cAMP, der nach Stimulierung von β_2-Rezeptoren entsteht, aktiviert eine Proteinkinase A, die die Myosin-Leichtkettenkinase durch Phosphorylierung hemmt. So kann ein glatter Muskel zur Relaxation gebracht werden. Ein weiterer Mechanismus ist Hyperpolarisation der Faser, ausgelöst z. B. durch die Öffnung von K^+-Kanälen oder eine Freisetzung von NO (Stickstoffmonoxid), welches wiederum die lösliche Guanylat-Cyclase aktiviert und dadurch die zytosolische Konzentration an cGMP erhöht. Ebenfalls zu einer Relexation führt die Aktivierung einer Proteinkinase G. Tonussteigernd hingegen wirkt eine Depolarisation, eine Blockade von Kaliumkanälen oder eine Aktivierung des Rho-Kinase Signalweges (letzteres durch eine Hemmung der Myosin-Leichtkettenphosphatase).

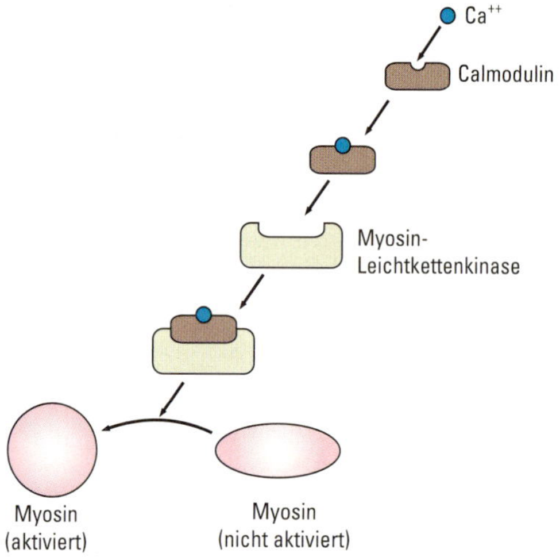

Abb. 18: Kinasen und Phosphatase im glatten Muskel

medi-learn.de/6-physio5-18

Merke!

- Bei Aktivierung eines glatten Muskels werden Ca^{2+}-Ionen im Zytosol an Calmodulin gebunden.
- Calmodulin aktiviert die Myosin-Leichtkettenkinase.
- Die Myosin-Leichtkettenkinase aktiviert den Muskel durch Phosphorylierung des Myosins.
- Die Myosin-Leichtkettenkinase kann ihrerseits durch eine Proteinkinase A phosphoryliert und dadurch gehemmt werden.
- Der Querbrückenzyklus eines glatten Muskels ist dem des quergestreiften Muskels sehr ähnlich, die Aktivierung unterscheidet sich jedoch grundlegend.

DAS BRINGT PUNKTE

In der Muskelphysiologie wird im Schriftlichen sehr oft nach den Rezeptoren an der motorischen Endplatte und nach dem Gleitfilamentmechanismus gefragt. Außerdem kommen immer wieder Fragen zu den Unterschieden zwischen roter und weißer Muskulatur sowie nach dem Calmodulin bei glatten Muskeln auf.
Ein echter Dauerbrenner ist die Frage nach der Definition einer **motorischen Einheit**. Dazu solltest du wissen, dass

- Skelettmuskelfasern, die zu einer motorischen Einheit gehören, von einem einzelnen Aα-Motoneuron innerviert werden und
- sich diese Fasern bei Erregung des Motoneurons gemeinsam kontrahieren.

Zur **Endplatte** solltest du wissen, dass

- Acetylcholinrezeptoren nikotinisch (nikotinerg) sind,
- es sich um ligandengesteuerte Ionenkanäle handelt, die Na^{+}-Ionen in die Muskelzellen einlassen und
- Acetylcholinrezeptoren durch Curare bzw. d-Tubocurarin blockierbar sind.

Punkte bringt es dir, wenn du weißt, dass

- T-Tubuli Vertiefungen in der Muskelzellmembran sind, die Dihydropyridinempfindliche Rezeptoren enthalten,
- die Aktivierung der Dihydropyridinempfindlichen Rezeptoren eine Aktivierung der Ryanodinrezeptoren am L-System vermittelt,
- dadurch Ca^{2+} freigesetzt wird, das die kontraktilen Elemente des Skelettmuskels aktiviert und
- die Ca^{2+}-Bindung an Troponin-C Konformationsänderungen auslöst, die zur Freilegung der Bindungsstelle eines Myosinkopfes auf dem F-Aktin führt.

Zum **Gleitfilamentmechanismus** ist wichtig, dass

- Myosin ATPase-Eigenschaften hat,
- sich zwischen Aktin und Myosin Querbrücken bilden,
- das Entfernen der ATP-Hydrolyseprodukte vom Myosinkopf ein Teilprozess des Kontraktionszyklus ist und
- der Rigorkomplex durch Mangel an ATP entsteht.

Bei der **Mechanik** ist am wichtigsten, dass die je nach Vordehnung unterschiedliche Kraftentwicklung einer Skelettmuskelfaser auf einer unterschiedlich starken Überlappung von Aktin- und Myosinfilamenten beruht. Schließlich werden immer wieder Unterschiede zwischen **roter** und **weißer Muskulatur** gefragt:
Rote Muskeln haben

- eine geringe Kontraktions- und Erschlaffungsgeschwindigkeit,
- eine niedrige tetanische Kraftentwicklung,
- eine geringe Ermüdbarkeit,
- einen hohen oxidativen Stoffwechsel,
- einen hohen Myoglobingehalt,
- eine hohe Zahl an Kapillaren pro Gramm Muskel und
- mehr Mitochondrien.

Beim Thema **glatte Muskulatur** bekommst du Punkte, wenn du weißt, dass

- vier Ca^{2+}-Ionen im Zytosol an Calmodulin binden,
- Calmodulin die Myosin-Leichtkettenkinase aktiviert,
- die Myosin-Leichtkettenkinase den glatten Muskel durch Phosphorylierung des Myosins aktiviert,
- die Myosin-Leichtkettenkinase ihrerseits durch eine Proteinkinase A phosphoryliert und dadurch gehemmt wird und
- eine Hemmung von Ca^{2+}-Kanälen in der Zellmembran zu einer Relaxation führt.

FÜRS MÜNDLICHE

Prima! Wieder was geschafft! Hier nun also die Fragen zum Thema „Muskeln“ aus unserer Prüfungsprotokoll-Datenbank.

1. **Welche Arten von Muskelzellen kennen Sie?**
2. **Was ist eine motorische Einheit?**
3. **Wie funktioniert eine motorische Endplatte und wie kann sie beeinflusst werden?**
4. **Was verstehen Sie unter Gleitfilamenttheorie?**
5. **Wie wird die Kraftentwicklung eines Muskels gesteuert?**
6. **Wie wird der Gleitmechanismus in glatten Muskeln ausgelöst?**
7. **Wie wirkt Botulinumtoxin?**
8. **Aus wieviel Einheiten besteht der nikotinerge Acetylcholinrezeptor und wie funktioniert er?**
9. **Wie wirkt Curare? Nennen Sie mindestens ein klinisches Anwendungsbeispiel.**
10. **Nennen Sie eine neuromuskuläre Erkrankung, deren Ursache und eine Therapiemöglichkeit!**
11. **Nennen Sie Kontraktionsformen aus dem Bereich der Muskelmechanik.**

---

1. Welche Arten von Muskelzellen kennen Sie?
Man unterscheidet quergestreifte, glatte und Herzmuskulatur. Die quergestreifte Muskulatur ist die Skelettmuskulatur. Sie wird willkürlich gesteuert und durch Motoneurone aktiviert. Quergestreifte Muskelzellen werden viele Zentimeter lang und haben mehrere, randständige Kerne. Ihre Kontraktion wird durch Bindung von Calciumionen an Troponin ausgelöst.
Glatte Muskeln liegen in den Wandungen der Gefäße und der inneren Organe. Sie sind häufig über Gap Junctions miteinander verbunden und werden unwillkürlich gesteuert. Ihre Kontraktion wird durch Bindung von Calciumionen an Calmodulin ausgelöst.
Herzmuskelzellen schließlich erscheinen im Mikroskop ebenfalls quergestreift, sie sind jedoch – ähnlich wie glatte Muskelzellen – miteinander verbunden und bilden ein funktionelles Synzytium.

2. Was ist eine motorische Einheit?
Ein Aα-Motoneuron versorgt mit seinen Kollateralen mehrere Skelettmuskelfasern gleichzeitig. In den Augenmuskeln versorgt ein Neuron etwa zehn Fasern, in großen Muskeln wie z. B. im M. quadrizeps femoris sogar über 1000 Muskelfasern.
Ein Motoneuron zusammen mit den Muskelfasern, die es versorgt, wird als motorische Einheit bezeichnet.

3. Wie funktioniert eine motorische Endplatte und wie kann sie beeinflusst werden?
An der motorischen Endplatte überträgt ein Motoneuron sein Signal auf den Muskel. Im Endknöpfchen des Neurons wird der Transmitter Acetylcholin in Vesikeln gespeichert. Läuft ein Aktionspotenzial über das Neuron, werden die Vesikel in den synaptischen Spalt ausgeschüttet. Das Acetylcholin diffundiert durch den Spalt und bindet an der Muskelzellmembran an nikotinische (nikotinerge) ACh-Rezeptoren. Diese Rezeptoren sind ligandengesteuerte Ionenkanä-

le, die sich nach Bindung von ACh öffnen und Na^+-Ionen in die Zelle lassen. Dadurch wird die Muskelzellmembran depolarisiert und ein Aktionspotenzial ausgelöst. Das Acetylcholin wird dann durch die ACh-Esterase wieder abgebaut. Botulinustoxin verhindert die Ausschüttung der Acetylcholinvesikel. Curare und ähnliche Stoffe unterbrechen die Übertragung, indem sie die ACh-Rezeptoren blockieren. Ähnlich wirken auch Antikörper, die von Patienten mit Myasthenia gravis gebildet werden. Acetylcholinesterase-Hemmer verhindern den Abbau des Acetylcholins. Sie erhöhen die Acetylcholinkonzentration im synaptischen Spalt, was bei gesunden Menschen zu einer erhöhten Erregung der Muskulatur mit Krämpfen führen kann.

4. Was verstehen Sie unter Gleitfilamenttheorie?

Skelettmuskeln kontrahieren sich, indem Aktin- und Myosinfilamente ineinander gleiten. Myosinfilamente tragen an ihren Enden Köpfchen, die Bindungen mit Aktin eingehen können.
Zu Beginn eines Kontraktionszyklus sind die Köpfchen gespannt. Nachdem Calcium an Troponin gebunden hat, werden Bindungsstellen am Aktin frei. Die Myosinköpfchen bilden Querbrücken zum Aktin. Nun lösen sich ADP und Phosphat vom Myosin. Dadurch kippt das Myosinköpfchen, sodass das Myosin ein Stückchen am Aktin vorbeigeschoben wird. Wird nun ATP nachgeliefert, löst sich das Myosinköpfchen wieder. Durch Spaltung des ATP kann das Myosinköpfchen erneut gespannt werden und steht für den nächsten Kontraktionszyklus zur Verfügung.

5. Wie wird die Kraftentwicklung eines Muskels gesteuert?

Die Kraftentwicklung eines Muskels hängt u. a. von der Vordehnung eines Muskels ab. Seine Kraftentwicklung ist bei einer Sarkomerlänge von etwa 2,2 µm am höchsten, da sich hier die Querbrücken zwischen Myosin und Aktin optimal überlagern.
Seine Kraft kann durch die Aktionspotenzialfrequenz des Motoneurons beeinflusst werden. Bei niedriger Frequenz erzeugt der Nerv Einzelzuckungen des Muskels, bei steigender Frequenz kommt es zur Superposition der Einzelzuckungen bis zur tetanischen Kontraktion. Schließlich kann die Muskelkraft durch Rekrutierung motorischer Einheiten reguliert werden. Je mehr Kraft benötigt wird, desto mehr motorische Einheiten eines Muskels werden gleichzeitig aktiviert.

6. Wie wird der Gleitmechanismus in glatten Muskeln ausgelöst?

Auch bei glatten Muskeln wird die Kontraktion durch Anstieg der zytosolischen Ca^{2+}-Konzentration ausgelöst. Bei glatten Muskeln bindet das Calcium jedoch an Calmodulin, das nun die Myosin-Leichtkettenkinase aktiviert. Die Myosin-Leichtkettenkinase phosphoryliert das Myosin und setzt damit die Kontraktion in Gang.

7. Wie wirkt Botulinumtoxin?

Botox spaltet Proteine des sogenannten SNARE-Komplexes des Alpha-Motoneurons und verhindert auf diese Weise die Freisetzung von Acetylcholin aus der präsynaptischen Membran. Die Wirkung des Giftes ist übrigens irreversibel und es müssen erst neue Nervenfasern aussprossen bis die Wirkung nachlässt (3–6 Monate).

8. Aus wieviel Einheiten besteht der nikotinerge Acetylcholinrezeptor und wie funktioniert er?

Er besteht aus fünf Untereinheiten. Die beiden Alpha-Untereinheiten binden jeweils ein Molekül Acetylcholin. Die Funktionsweise entspricht dem eines Ionenkanals. Nach Rezeptorbindung öffnet der Kanal und wird permeabel für monovalente Kationen (v.a. Natrium).

9. Wie wirkt Curare? Nennen Sie mindestens ein klinisches Anwendungsbeispiel.

Curare bindet am nikotinergen Acetylcholinrezeptor und verhindert so die Depolarisation der Muskelzelle. Muskelrelaxanzien wirken ähnlich wie Curare und werden bei operativen Eingriffen eingesetzt, um die Muskeln erschlaffen zu lassen.

10. Nennen Sie eine neuromuskuläre Erkrankung, deren Ursache und eine Therapiemöglichkeit!

Myasthenia gravis. Sie ist eine Autoimmunerkrankung, bei der sich das Immunsystem gegen die nikotinergen Acetylcholinrezeptoren richtet. Häufiges Symptom ist eine muskuläre Ermüdung nach Belastung. Cholinesterasehemmer verhindern den Abbau von Acetylcholin im synaptischen Spalt und sorgen auf diese Art und Weise für eine Linderung der Beschwerden.

11. Nennen Sie Kontraktionsformen aus dem Bereich der Muskelmechanik.

Siehe hierzu Kapitel 2.2.9, S. 31

Mehr Cartoons unter www.medi-learn.de/cartoons

Pause

Lehn dich zurück und mach doch einfach mal kurz Pause ...

3 Motorik

Fragen in den letzten 10 Examen: 27

Das Thema Motorik umfasst die Bereiche der motorischen Systeme des Rückenmarks und des Gehirns.

Die motorischen Systeme des Rückenmarks werden nach wie vor im schriftlichen Examen gerne gefragt. Die motorischen Systeme des Gehirns kommen in der Physiologie nicht mehr so häufig dran wie noch vor einigen Jahren. Die meisten Fragen wirst du schon beantworten können, wenn du die klinischen Symptome bei Kleinhirnschädigung und Schädigung der Basalganglien kennst.

3.1 Neuronale Systeme des Rückenmarks

Die motorischen Systeme des Rückenmarks wirken auf den ersten Blick recht unübersichtlich, zum Glück zielen aber die meisten Fragen im Schriftlichen auf den einfachsten Teil dieser Systeme ab, nämlich auf die Funktion der Golgi-Sehnenorgane.
Klinisch viel wichtiger sind allerdings die Muskelspindeln, da sie für Muskeleigenreflexe wie z. B. den Patellarsehnenreflex erforderlich sind. Bevor du dich jetzt gleich kopfüber in die punktbringenden Details stürzt, sollte dir klar sein, wie die neuronalen Systeme des Rückenmarks funktionieren.

Das Motoneuron und seine Zuflüsse

Wollen wir z. B. den Arm heben, um eine Glühbirne einzuschrauben, müssen zahlreiche Skelettmuskeln aktiviert und koordiniert werden. Dazu muss unser Gehirn mit seinem Kortex, seinem Kleinhirn und seinen Basalganglien einen Bewegungsentwurf erstellen, der schließlich über das Rückenmark zu den Motoneuronen geleitet wird. Die Motoneurone haben ihren Ursprung in den Vorderhörnern des Rückenmarks und ziehen mit ihren Axonen bis zu den quergestreiften Muskeln des Körpers. Dabei versorgt ein einzelnes Motoneuron mehrere Muskelfasern. Hierbei gilt: Je feiner die Kraft eines Muskels abgestimmt werden muss, desto weniger Fasern werden von einem einzelnen Motoneuron versorgt.

Merke!

Ein Motoneuron zusammen mit den zugehörigen Muskelfasern bezeichnet man als motorische Einheit.

Motoneurone werden jedoch nicht nur über das Gehirn angesteuert, sondern erhalten auch Zuflüsse aus Reflexbögen, die auf Rückenmarksebene ablaufen. Diese Reflexbögen können auch dann noch funktionieren, wenn – z. B. nach einer Verletzung im Bereich der Wirbelsäule – die vom Gehirn zum Rückenmark führenden Fasern unterbrochen sind und der Patient an einer Querschnittslähmung leidet.

Die in der folgenden Übersicht dargestellten zum Motoneuron ziehenden Nervenfasern werden später in ihrer Funktion noch genauer erklärt. Die für das schriftliche Examen relevanten Einflüsse auf die Dendriten der Motoneurone sind:

- ein erregender Einfluss vom Kortex über die Nerven des Tractus corticospinalis,
- ein erregender Einfluss (ohne Interneurone) von den Nerven der Muskelspindeln des Agonisten,
- ein hemmender Einfluss (mit Interneuronen) von den Nerven der Muskelspindeln des Antagonisten (reziproke Hemmung),
- ein hemmender Einfluss (über Interneurone) von Kollateralen des eigenen Neurons (recurrente Hemmung = Renshaw-Hemmung),

- ein hemmender Einfluss (über Interneurone) von den Golgi-Sehnenorganen des Agonisten (autogene Hemmung) und
- darüber hinaus die Beeinflussung des Aα-Motoneurons durch retikulo-, tecto- und rubrospinale Neurone sowie durch Haut- und Gelenkrezeptoren.

Nomenklatur der Nervenfasern

Bei den Nervenfasern der spinalen motorischen Systeme haben sich zwei unterschiedliche Einteilungen der Nervenfasern eingebürgert. Diese Einteilungen sind historisch etwa zur gleichen Zeit entstanden und einander sehr ähnlich, sie orientieren sich nämlich beide an der Nervenleitgeschwindigkeit. Dennoch werden die Einteilungen noch nebeneinander benutzt.

1. **Efferente Fasern**, die aus dem Rückenmark über die Vorderhörner in Richtung Muskulatur ziehen, werden nach **Erlanger und Gasser** eingeteilt. Die wichtigste Nervenfaser dieser Art ist das Aα-Motoneuron, das eine dicke Markscheide trägt und daher sehr schnell (60 bis 80 m/s) leitet. Die langsamsten Fasern dieser Gruppe sind die marklosen C-Fasern.
2. Fasern in umgekehrter Richtung, also **Afferenzen**, teilt man nach **Lloyd/Hunt** ein. Diese Fasern treten – im Gegensatz zu den Efferenzen – über die Hinterhörner ein. Von den Muskelspindeln z. B. ziehen Ia-Fasern ins Rückenmark, die ebenfalls dick bemarkt sind und entsprechend schnell leiten. Marklose Fasern hingegen werden nach Lloyd/Hunt als IV-Fasern klassifiziert.

Tab. 4, S. 42 stellt die beiden Einteilungen gegenüber.

Erlanger/Gasser: Efferenzen		**Lloyd/Hunt: Afferenzen**	
Aα	100 m/s dick bemarkt	Ia	100m/s dick bemarkt
		Ib	80 m/s
Aβ	50 m/s	II	50 m/s
Aγ	20 m/s	III	15 m/s
Aδ	15 m/s		
B	7 m/s		
C	1 m/s marklos	IV	1 m/s marklos

Tab. 4: Nomenklatur der Nervenfasern

3.1.1 Muskelspindel und Patellarsehnenreflex

Muskelspindeln sind ein klassisches Thema im schriftlichen Examen. Punkte bringt hier vor allem das Thema „Sollwerteinstellung der Muskelspindel mit Hilfe der γ-Fasern". Mündliche Prüfer leiten das Thema „Muskelspindel" meistens mit einer Frage zum Patellarsehnenreflex ein.

Aufgaben der Muskelspindel

Innerhalb eines Skelettmuskels, eingebettet zwischen den Muskelfasern, liegen kleine Sinnesorgane, die man als Muskelspindeln bezeichnet. Sie sind parallel zur Muskelfaser angeordnet.

Muskelspindeln sind **Längendetektoren**. Sie registrieren also, wenn ein Muskel gedehnt wird und dadurch an Länge zunimmt. Über Ia- und II-Fasern wird bei Dehnung des Muskels ein Signal von den Muskelspindeln in die Hinterhörner geleitet.

Im Hinterhorn teilen sich die Ia- und II-Fasern in mehrere Kollateralen auf. Davon steigt ein Teil auf und zieht über die Hinterstränge (Funiculus cuneatus et gracilis) ins lemniskale System zum Gehirn. Über diese Fasern werden Groß- und Kleinhirn über den aktuellen Dehnungszustand des Muskels informiert.

Mittlerweile geht man davon aus, dass das Gehirn aus den Informationen der Muskelspindeln auch die **Stellung der Gelenke** errechnen kann (Propriozeption).

Weitere Kollateralen der Ia- und II-Fasern ziehen ins Vorderhorn. Dort bilden sie Synapsen mit den Aα-Motoneuronen, werden also **monosynaptisch** auf das Motoneuron umgeschaltet. Wird eine Muskelspindel erregt, kommt es

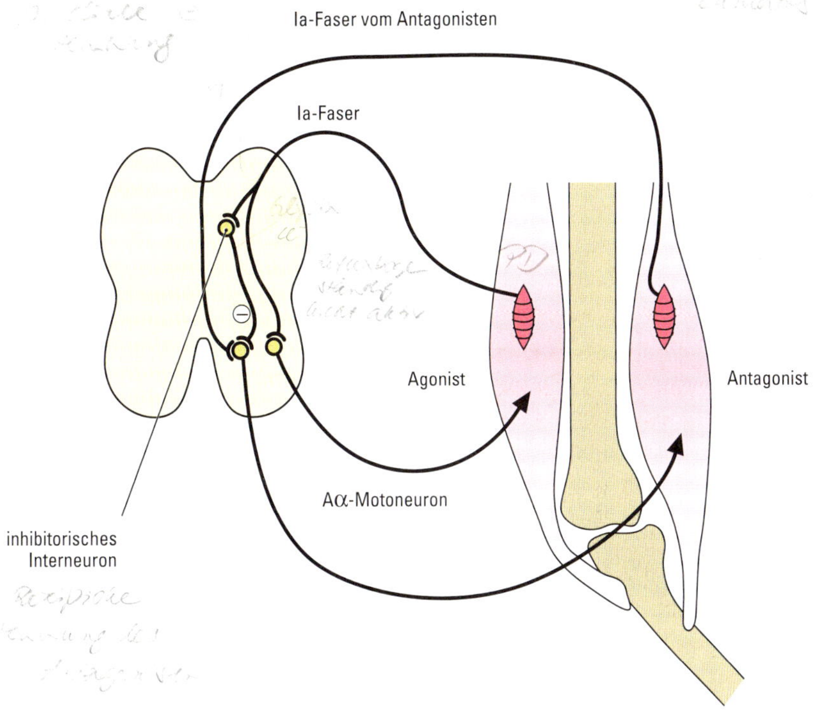

Abb. 19: Verschaltung der Muskelspindeln *medi-learn.de/6-physio5-19*

durch die synaptische Umschaltung zur Depolarisation des Motoneurons.

Patellarsehnenreflex

Der Patellarsehnenreflex wird über Muskelspindeln vermittelt und NICHT etwa über die Golgi-Sehnenorgane, die weiter unten beschrieben werden. Damit es in diesem Bereich keine Verwechslungen gibt, bezeichnen manche Autoren den Patellarsehenreflex als Quadrizeps-Dehnungsreflex.

Soviel dazu, doch was passiert nun genau bei diesem klinisch bedeutsamen Reflex? Wenn man mit dem Reflexhammer auf die Patellarsehne klopft, wird die Sehne etwas nach innen gedrückt und so am M. quadrizeps femoris ein leichter Zug ausgeübt. Der Muskel wird gedehnt, was von der Muskelspindel registriert wird. Dadurch werden Ia- und II-Fasern aktiviert, die wiederum monosynaptisch auf das Aα-Motoneuron umgeschaltet werden. Das Motoneuron innerviert nun den Skelettmuskel (in diesem Fall den M. quadrizeps femoris), sodass der Muskel zuckt.

Beim Patellarsehnenreflex handelt es sich um einen Eigenreflex. Von einem **Eigenreflex** spricht man, wenn der Reiz mit dem gleichen Organ aufgenommen wird, das auch die Reflexantwort ausführt. In diesem Fall wird der Reiz von den Spindeln des M. quadrizeps femoris aufgenommen, dessen Fasern die Reflexantwort schließlich auch ausführen. Dieser Reflex läuft auf Rückenmarksebene und kann daher auch bei Querschnittslähmung funktionieren. Beim Gesunden lässt sich der Reflex modifizieren: Die Motoneurone können vom Zentralnervensystem bereits leicht vorerregt werden, was die Reflexantwort erleichtert. Eine derartige, den Reflex bahnende Vorerregung bewirkt der **Jendrassik-Handgriff**: Man bittet dazu den Probanden, die Finger beider Hände ineinander zu verhaken und dann zeitgleich mit dem Schlag z. B.

auf die Patellarsehne die Hände kräftig auseinander zu ziehen.
Beim ruhenden Menschen werden die Muskelspindelreflexe über absteigende, extrapyramidale Fasern gehemmt.

Bei einer Querschnittslähmung, also einer Durchtrennung des Rückenmarks, fallen diese hemmenden Bahnen aus. Folglich laufen die Reflexe auf Rückenmarksebene, die unterhalb der Verletzung liegen, verstärkt ab. Deshalb haben Querschnittsgelähmte – nachdem sie die ersten Wochen nach der Verletzung überstanden haben – **gesteigerte Reflexe**. Der Reflexbogen der Muskelspindeln ist auch beim ruhenden Menschen ständig leicht aktiv. Dadurch stehen die Skelettmuskeln immer unter einem leichten Tonus. Bei Querschnittsgelähmten ist zwar die willkürliche Innervierung der Muskeln unterhalb der Verletzung ausgefallen, sodass die Patienten gelähmt und in der Regel auf einen Rollstuhl angewiesen sind, der reflexbedingte Tonus der Muskeln ist jedoch erhöht, da außer den Pyramidenbahnen auch die reflexhemmenden Bahnen ausgefallen sind. Man bezeichnet diese Art der Lähmung als **spastische Lähmung**.
Die Reflexbögen auf Rückenmarksebene können auch dann funktionieren, wenn die Verbindungen zum Gehirn im Rahmen einer Querschnittslähmung unterbrochen sind. Unmittelbar nach einer frischen Querschnittsverletzung beobachtet man bei den meisten Patienten zunächst einen totalen Ausfall aller Reflexe unterhalb der Verletzung. Erst nach einigen Wochen erholen sich die Reflexbögen auf Rückenmarksebene wieder, während die auf- und absteigenden Fasern für immer unterbrochen bleiben. Allerdings ist der Pathomechanismus, der für den anfänglichen Reflexausfall verantwortlich ist, noch unbekannt. Man bezeichnet den Ausfall der Reflexe unterhalb der Verletzung als **spinalen Schock**. Währenddessen sind die Muskeln unterhalb der Läsion nicht nur gelähmt, auch der reflexbedingte Tonus der Muskulatur ist aufgehoben. Es handelt sich dabei also um eine **schlaffe Lähmung**.
Ebenso würde eine isolierte Schädigung von α-Motoneuronen zu einer schlaffen Lähmung des betroffenen Muskels führen.

Übrigens ...
Außer den Muskeldehnungsreflexen, die über die Muskelspindeln vermittelt werden, fallen im spinalen Schock auch die Defäkations-, Miktions- und Genitalreflexe aus.
Erst wenn nach einigen Wochen der spinale Schock vorbei ist und sich die Reflexbögen erholt haben, geht die schlaffe Lähmung in eine spastische Lähmung über.

Reziproke Hemmung

Die Ia- und II-Fasern, die von den Muskelspindeln wegziehen, spalten sich nicht nur in Kollateralen zum Gehirn und zum Aα-Motoneuron des Muskels auf: Es gibt noch eine Kollaterale, die zum Aα-Motoneuron des Antagonisten zieht. Diese Kollaterale wird zunächst auf ein inhibitorisch wirkendes Interneuron umgeschaltet, das dann die Aα-Faser zum Antagonisten hemmt (s. Abb. 19, S. 43).
Wenn also z. B. der M. quadriceps femoris durch einen Schlag auf die Patellarsehne gedehnt wird, sorgen die von den Muskelspindeln kommenden Nervenfasern nicht nur für eine Aktivierung des Muskels, sondern auch gleichzeitig für eine **Hemmung des Antagonisten**.
Man nennt diese Art der **Hemmung antagonistische** oder auch **reziproke Hemmung**.

Merke!

Ein Aα-Motoneuron erhält über Interneurone hemmende Einflüsse von den Muskelspindeln des Antagonisten (reziproke Hemmung).Diese Interneurone benutzen den Transmitter Glycin (Hyperpolarisation durch Öffnung von Chloridkanälen).

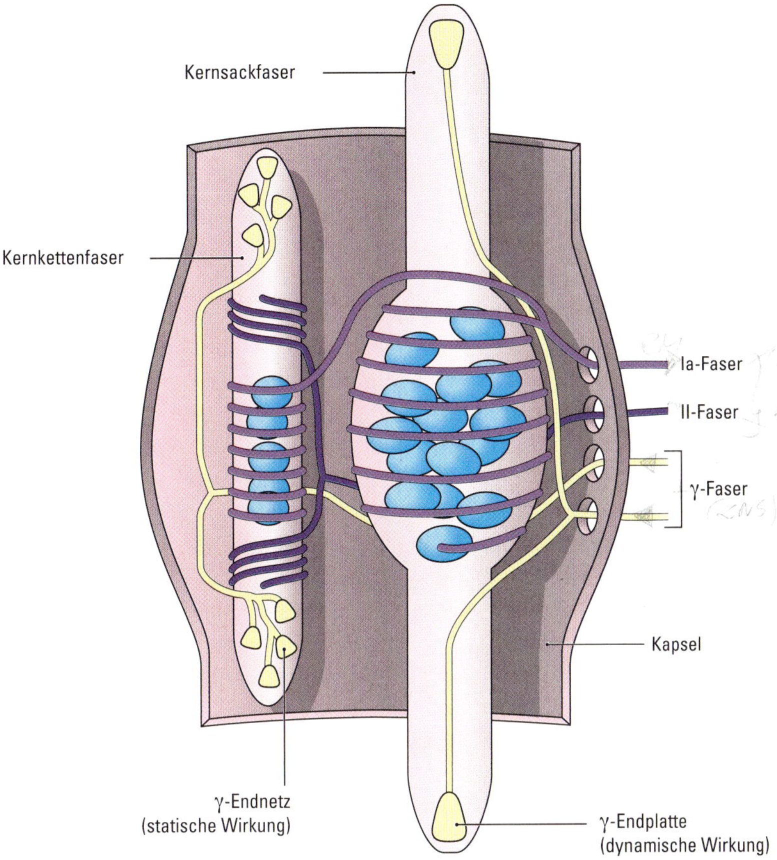

Abb. 20: Aufbau der Muskelspindel

medi-learn.de/6-physio5-20

3

Feinbau der Muskelspindel

Muskelspindeln sind entwicklungsgeschichtlich gesehen umgebaute, mittlerweile hoch spezialisierte Muskelfasern. Im mittleren Teil einer Muskelspindel finden sich zwei unterschiedliche Fasertypen:

- Kernsackfasern und
- Kernkettenfasern.

Während von den Kernkettenfasern sowohl Ia- (primäre Muskelspindel-Afferenzen) als auch II-Fasern (sekundäre Muskelspindel-Afferenzen) ausgehen, gehen von den Kernsackfasern nur die schnellleitenden Ia-Fasern ab. Die Ia-Faser wickelt sich mehrfach um die Kernsackfaser herum, weshalb man diesen Anschnitt auch als **anulospiralige Endigung** bezeichnet. An den Polen der Muskelspindel finden sich außerdem noch kontraktile Abschnitte, die über einen eigenen Nerven – in diesem Fall eine Aγ-Faser – versorgt werden.

Statische und dynamische Antworten

Muskelspindeln können nicht nur den gegenwärtigen Dehnungszustand und damit die Muskellänge registrieren, sondern auch sehr empfindlich auf Längenänderung reagieren. Sie messen also sowohl statisch, d. h. proportional zur Länge des Muskels, als auch dynamisch, also die Längenänderung. Muskelspindeln sind daher PD-Rezeptoren (s. 4.1.3, S. 70).
Für die statische Messung sind vor allem die von den Kernkettenfasern kommenden, langsameren II-Afferenzen zuständig, während die Kernsackfasern mit ihren Ia-Afferenzen haupt-

sächlich dynamisch, also auf Änderungen, reagieren.

Sollwerteinstellung der Muskelspindel

Wozu braucht man eigentlich den aufwendigen Reflexapparat mit den Muskelspindeln? Manchmal ändert sich die Stellung eines Gelenks, obwohl gar keine Änderung erwünscht ist. Wenn man z. B. die Arme nach vorne streckt, bekommt der Oberkörper ein leichtes Übergewicht nach vorne. Damit man nicht nach vorne umfällt, registrieren Muskelspindeln in der Rückenmuskulatur die leichte Dehnung, die durch Verlagerung des Körpers nach vorne entsteht. Reflektorisch spannen sich jetzt die Rückenmuskeln an und bringen den Oberkörper wieder in die ursprüngliche Lage. Diese Gegenbewegung kann sehr rasch ausgeführt werden, da der Reflex über schnellleitende Ia-Fasern läuft und nur mit einer einzigen Synapse im Rückenmark umgeschaltet wird.

Eine Muskelspindel liegt parallel in der Muskulatur und wird bei Dehnung des Muskels mitgedehnt. Umgekehrt wird sie bei Stauchung des Muskels mitgestaucht. Eine zu stark gestauchte Muskelspindel ist jedoch nicht mehr in der Lage, die Länge und auch die Längenänderungen optimal zu messen. Eine Stauchung, d. h. Entdehnung, würde die Aktivität der Ia-Fasern vermindern. Deshalb haben Muskelspindeln an ihren Polen kontraktile Fasern, die bei einer Stauchung des Muskels dafür sorgen, dass die Muskelspindel in ihrer Mitte gestreckt bleibt.

Wenn z. B. am Arm der M. biceps brachii zur Kontraktion gebracht werden soll, werden vom Kortex aus Pyramidenfasern aktiviert, die Aktionspotenziale in den Aα-Motoneuronen des Biceps-Muskels auslösen. Daraufhin kontrahiert sich der Muskel, sodass er mit seinen Spindeln gestaucht wird. Damit nun die Muskelspindeln in der Mitte – dort wo die Ia- und II-Fasern ansetzen – weiterhin gestreckt bleiben, müssen sich auch die kontraktilen Fasern an den Polen der Spindel zusammenziehen. Dazu werden diese Fasern über Aγ-Motoneurone versorgt, die ebenfalls vom Kortex des Gehirns aus angesteuert werden. Aγ-Motoneurone erhöhen so die Empfindlichkeit der Längenrezeptoren,

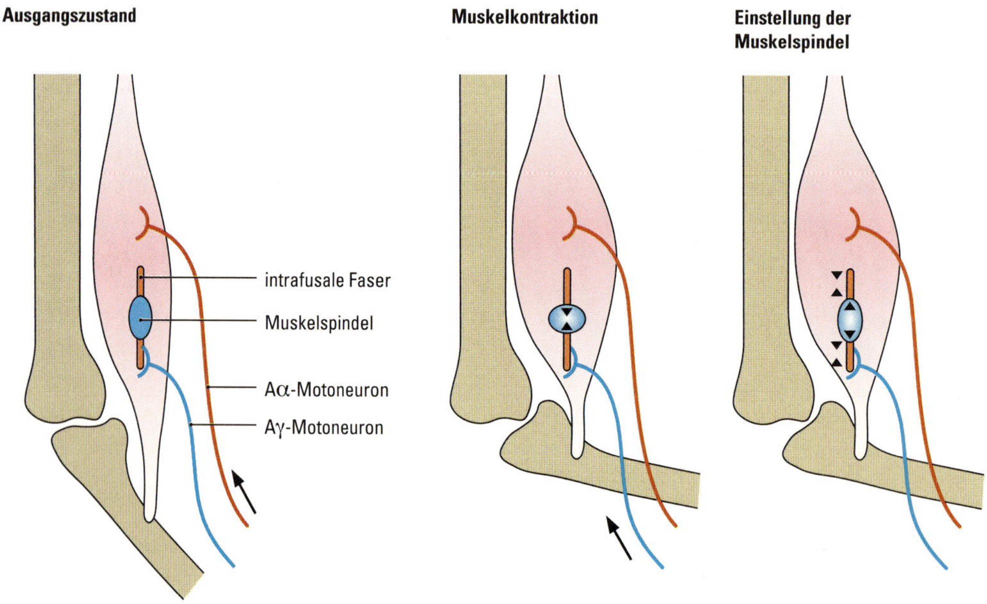

Abb. 21: Sollwerteinstellung der Muskelspindel

medi-learn.de/6-physio5-21

schnelle Längenänderungen zu registrieren. Bei einer Willkürbewegung werden also außer den Aα-Fasern auch die Aγ-Fasern vom ZNS aktiviert und man spricht von einer α-γ-Koaktivierung. Während einer isotonen Kontraktion ist die α-γ-Koaktivierung in der Lage, die Empfindlichkeit der Längenrezeptoren zu sichern: Sie reguliert die Empfindlichkeit des Messfühlers Muskelspindel.

Hoffmann-Reflex

Der monosynaptische Hoffmann-Reflex wird mithilfe einer Reizelektrode über dem N. tibialis ausgelöst. Ein Reizstrom über diesen Nerv bewirkt eine Reflexantwort im M. triceps surae. Leitet man nach Reizung des Nerven ein Elektromyogramm über dem M. triceps surae ab, kann man bei hinreichender Reizstärke nach nur einem Reiz zwei hintereinander liegende Potenziale ableiten: Die M-Welle und den H-(Hoffmann-) Reflex.

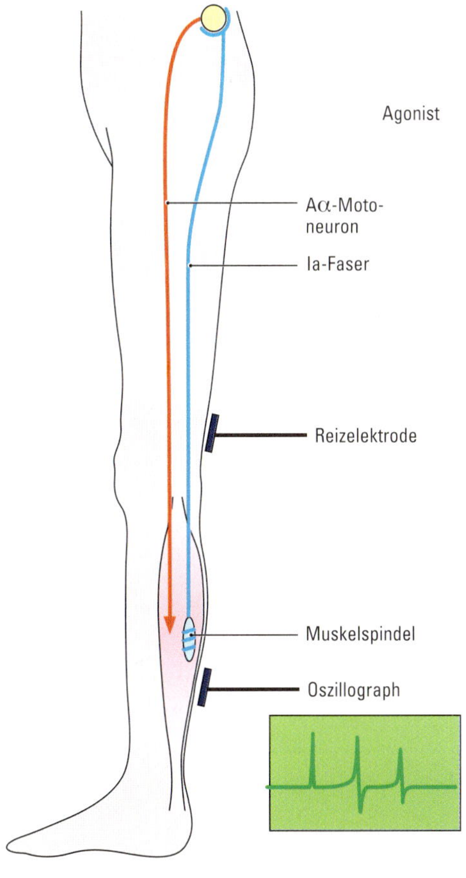

Abb. 22: Hoffmann-Reflex

medi-learn.de/6-physio5-22

Wie kommt es zu dieser doppelten, zweigipfligen Antwort des Muskels? Im N. tibialis verlaufen nicht nur die Aα-Motoneurone, die vom Rückenmark zum M. triceps surae ziehen, sondern auch die Ia- und II-Fasern, die von den Muskelspindeln im M. triceps zurück zum Rückenmark verlaufen. Setzt man nun einen kräftigen Reiz auf den N. tibialis, so wird direkt an der Aα-Faser ein Aktionspotenzial ausgelöst. Dieses bewirkt eine Erregung des Muskels, welche man als M-Welle im Elektromyogramm ableiten kann. Ein Reizstrom über dem N. tibialis bringt darüber hinaus auch die Ia-Fasern zur Depolarisation. Auch hier breitet sich ein Aktionspotenzial aus: Es wird vom Reizort in der Kniekehle in Richtung Rückenmark fortgeleitet, wo es dann – ebenso wie sonst Signale der Muskelspindeln – auf die Aα-Motoneurone umgeschaltet wird. So werden die Aα-Neurone zusätzlich indirekt erregt. Aber auch diese indirekte Erregung breitet sich schließlich bis zum M. triceps surae aus, wo man dann eine zweite Reflexantwort als H-Reflex ableiten kann. Da die indirekte Erregung ja den Umweg über das Rückenmark nimmt, benötigt sie mehr Zeit als die Erregung des Muskels durch die direkte Reizung der Aα-Faser. Der H-Reflex ist daher zeitlich gegenüber der M-Welle zurückversetzt. Am längsten bis zur Reflexantwort dauert es, wenn ein Schlag (mit einem Reflexhammer) auf die entsprechende Sehne zur Aktivierung der Aα-Mononeurone führt (T-Reflex oder Tendon-Reflex). Die zeitliche Reihenfolge lautet daher aufsteigend:

M-Welle → H-Reflex → T-Reflex

Bei geringerer Reizstärke sieht man im Elektromyogramm die M-Welle kaum, da die Aα-Fasern auf schwache Reize kaum ansprechen. Die empfindlicheren Ia-Fasern jedoch reagieren, sodass die H-Welle bei schwachem Reizstrom ausgeprägter ist als die M-Welle.
Während die M-Welle bei zunehmender Reizstärke größer wird, nimmt die Amplitude des

3

H-Reflexes ab. Die direkte Reizung des Aα-Motoneurons bewirkt nicht nur, dass sich ein Aktionspotenzial in Richtung M. triceps surae ausbreitet. Es breitet sich außerdem auch vom Reizort in der Kniekehle in Richtung Rückenmark aus, läuft also gewissermaßen in die „falsche" Richtung. Auf diesem Weg stößt es dann mit dem Aktionspotenzial zusammen, das indirekt nach Reizung der Ia-Faser entstanden ist. Dadurch wird das indirekt entstandene Potenzial abgeschwächt, sodass die H-Welle kleiner wird.

Merke!

- Die M-Welle wird durch die Reizung der Aα-Motoaxone ausgelöst.
- Der H-Reflex wird durch die Reizung der empfindlicheren Ia-Faser ausgelöst.

3.1.2 Golgi-Sehnenorgan

Golgi-Sehnenorgane liegen in den Sehnen eines Skelettmuskels und sind daher in Serie zum Muskel geschaltet. Sie haben die Aufgabe, in der Sehne des Muskels die mechanische Spannung zu messen. Somit messen sie die Kraft, die vor allem bei isometrischer Kontraktion an der Sehne des Muskels ausgeübt wird. Von den Golgi-Organen führen Ib-Fasern in die Hinterhörner des Rückenmarks. Im Rückenmark spalten sich die Ib-Fasern in Kollateralen auf: Ein Teil der Kollateralen läuft zum ZNS und versorgt es mit Informationen über die aktuelle Muskelspannung. Andere Kollateralen ziehen zum Vorderhorn und werden auf ein hemmend wirkendes Interneuron umgeschaltet. Dieses hemmende Interneuron zieht zum Aα-Motoneuron des Muskels, zu dem die Sehne gehört. Eine Zunahme der Muskelspannung kann somit – vermittelt über ein Interneuron – das Aα-Motoneuron hemmen und den Tonus des Muskels herabsetzen.

Eine Aktivierung des Golgi-Sehnenorgans mindert also die Aktivität des eigenen Aα-Motoneurons und damit auch die des eigenen agonistischen Muskels. Man nennt diese Art der Hemmung deshalb **autogene Hemmung**. Da zwischen der Ib-Faser und dem Aα-Motoneuron ein Interneuron zwischengeschaltet ist, wird über zwei Synapsen umgeschaltet. Es handelt sich damit um eine **disynaptische Hemmung**.

Wahrscheinlich dient dieser Mechanismus der raschen Feinregulierung der Muskelkraft. Bei nachlassender Muskelkraft verringert sich die Spannung in der Sehne, und die Aktivität des Golgi-Organs wird geringer. Somit verringert sich auch der hemmende Einfluss des Interneurons: Das Aα-Motoneuron wird desinhibiert und der Muskeltonus steigt wieder.

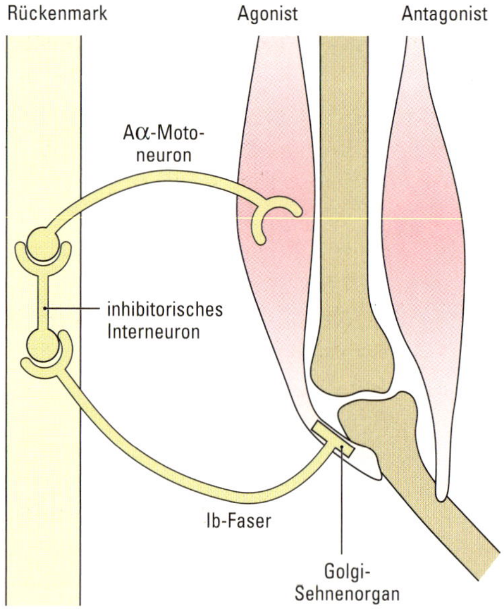

Abb. 23: Golgi-Sehnenorgan: autogene Hemmung

medi-learn.de/6-physio5-23

Merke!

- Durch Dehnung der Sehne eines Muskels kommt es zur Aktivierung des Golgi-Sehnenorgans und damit zur Erregung afferenter Ib-Fasern.
- Diese Ib-Fasern erregen Interneurone, die die α-Motoneurone des eigenen Muskels hemmen (autogene Hemmung).

3.1.3 Rekurrente Hemmung

Die Axone der Aα-Motoneurone teilen sich noch auf Rückenmarksebene in Kollateralen auf. Ein Teil dieser Fasern zieht gar nicht aus den Vorderhörnern heraus zur Muskulatur, sondern dreht noch im Vorderhorn um und verläuft rückwärts auf ein hemmend wirkendes Interneuron. Dieses Interneuron wird auf das Aα-Motoneuron selbst umgeschaltet.
Wird ein Aα-Motoneuron erregt, hemmt es über diese rückläufigen Fasern selbst seine weitere Erregung. Diese Art der Hemmung nennt man wegen der rückläufigen Fasern rekurrente Hemmung. Die Interneurone, die den hemmenden Impuls auf die Motoneurone übertragen, werden als Renshaw-Zellen bezeichnet. Gelegentlich bezeichnet man die rekurrente Hemmung daher auch als **Renshaw-Hemmung**. Die Renshaw-Zellen schütten Glycin als inhibierenden Transmitter an der Synapse zum Motoneuron aus. Das Motoneuron verwendet nicht nur an der motorischen Endplatte den Transmitter Acetylcholin, auch die rückläufigen Kollateralen, die zu den Renshaw-Zellen ziehen, übertragen ihr Signal mithilfe von Acetylcholin.

Merke!

- Eine Kollaterale des Motoneurons läuft zurück und bildet eine erregende Synapse mit einem Interneuron, der Renshaw-Zelle.
- Als Transmitter des Motoneurons wird – wie auch an der motorischen Endplatte des Aα-Motoneurons – Acetylcholin verwendet.
- Die Renshaw-Zelle bildet eine hemmend wirkende Synapse mit dem Aα-Motoneuron und verursacht ein inhibitorisches postsynaptisches Potenzial (IPSP).
- Als Transmitter verwendet die Renshaw-Zelle Glycin, das an den Glycin-Rezeptor (für Cl^- durchlässiger Ionenkanal) bindet.

3

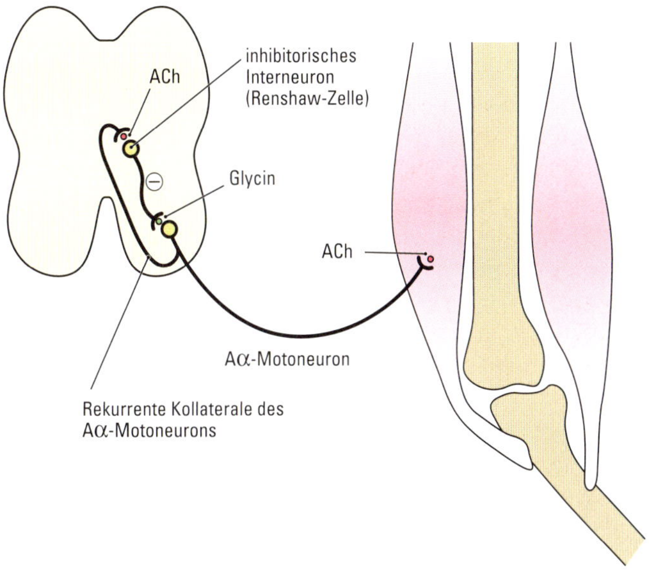

Abb. 24: Rekurrente Hemmung

medi-learn.de/6-physio5-24

Übrigens ...
Das Tetanustoxin (Gift des Bakteriums Clostridium tetani) spaltet Proteine des SNARE-Komplexes, der für die Exozytose der mit Glycin gefüllten Vesikel verantwortlich ist und hemmt somit die Ausschüttung synaptischer Vesikel. Es kommt zu einer Enthemmung des Aα-Motoneurons und zur Verkrampfung der Skelettmuskulatur. Das entsprechende Krankheitsbild nennt man Wundstarrkrampf (Tetanus).

3.2 Fremdreflexe

Man unterscheidet zwischen Eigen- und Fremdreflexen. Beim Eigenreflex ist das Organ, das den Reiz aufnimmt, auch gleichzeitig das Organ, das den Reflex ausführt. Der Patellarsehnenreflex z. B. ist ein Eigenreflex (s. 3.1.1, S. 42): Die Dehnung des M. quadriceps femoris wird von dessen eigenen Muskelspindeln gemessen, der Muskel zuckt und führt so den Reflex selbst aus.
Ein Beispiel für einen Fremdreflex ist der **Flexorreflex**: Wenn man z. B. mit dem Fuß in einen Nagel tritt, nimmt die Haut des Fußes einen Schmerzreiz auf und leitet dieses Signal an das Rückenmark. Dort wird es über mehrere Synapsen verschaltet und bewirkt schließlich eine Kontraktion der Flexoren des betroffenen Beines – der Fuß wird zurückgezogen. Zusätzlich wird auch noch der Tonus an den Extensoren des betroffenen Beines gesenkt. Doch damit nicht genug: Am anderen Bein werden gleichzeitig die Extensoren aktiviert.
Dieser Fremdreflex wird auch gekreuzter Extensorreflex genannt. Er verhindert, dass man beim Zurückziehen des Fußes fällt.
Auch an der oberen Extremität können Schmerzreize einen Flexor- und den gekreuzten Extensorreflex auslösen.

Merke!

Eine Erregung von Nozizeptoren kann
- die ipsilateralen Flexoren erregen,
- die ipsilateralen Extensoren hemmen und
- die kontralateralen Extensoren erregen.

3.3 Motorische Systeme im Gehirn

Zu den motorischen Systemen des Gehirns tauchen nicht nur im Bereich der Neuroanatomie Fragen auf, sondern auch in der Physiologie. Das Kapitel erscheint zunächst recht umfangreich. Da im schriftlichen Examen aber vor allem nach den klinischen Symptomen der Kleinhirn- und Basalganglienerkrankungen gefragt wird, solltest du dich beim Lernen vor allem darauf konzentrieren.

3.3.1 Bewegungsentwurf im limbischen System und im motorischen Assoziationskortex

Man vermutet, dass das limbische System bedeutsam für die Entstehung einer Bewegungsidee ist: Von diesem Bereich des Gehirns soll der Antrieb ausgehen, der schließlich zu einer Bewegung führt. Doch bevor das limbische System zur Bewegung antreibt, muss es erst mal wissen, um was für eine Bewegung es sich handelt.
Für diese Planung der Bewegung sind die motorischen Assoziationsfelder sowie der prä- und supplementär-motorische Kortex zuständig. Die Aktivität in diesen Hirnregionen lässt sich bereits mehrere 100 Millisekunden vor Bewegungsbeginn elektroenzephalographisch ableiten. Die Zunahme der neuronalen Aktivität kann dabei sowohl über dem Vertex (Scheitel) – also über dem Parietallappen – als auch über dem präfrontalen Kortex beider Hirnhemispären gemessen werden. Dauer und Amplitude der Ableitungen sind dabei je nach Art der geplanten Bewegung unterschiedlich.

Übrigens ...
Motorische Bereitschaftspotenziale gehören NICHT zum Spontan-EEG, sondern werden abgeleitet, nachdem man einem Probanden die Anweisung zu einer bestimmten Bewegung gegeben hat.

3.3.2 Primär-motorischer Kortex

Ein wichtiger Teil der für die Motorik zuständigen Kortexareale ist der primär-motorische Kortex – die Area 4 nach Brodmann. Der primärmotorische Kortex liegt im Bereich des **Gyrus praecentralis**. Von hier steigen die kortikospinalen Bahnen – die **Pyramidenbahnen** – in das Rückenmark ab. Sie laufen im Bereich der Pyramidenkreuzung auf die Gegenseite und erreichen Dendriten der Aα-Motoneurone z.T. direkt, größtenteils aber nach Umschaltung über Interneurone in den Vorderhörnern. Es gibt also vom primär-motorischen Kortex **mono- und polysynaptische Projektionen** zu den Motoneuronen der Skelettmuskulatur.
Der primär-motorische Kortex ist **somatotopisch** gegliedert: Jeder Körperregion ist ein bestimmter Teil dieses Kortex zugeordnet. Die Areale, die den Gesichtsmuskeln zugeordnet sind, liegen im unteren Bereich der Area 4, während Neuronen für die distale und proximale Beinmuskulatur oben an der Mantelkante, im Bereich des Vertex (Scheitel), liegen. Der den Füßen zugeordnete Teil liegt an der medialen Fläche zur Fissura longitudinalis cerebri. Stellt man die Körperregionen bildlich über der

3

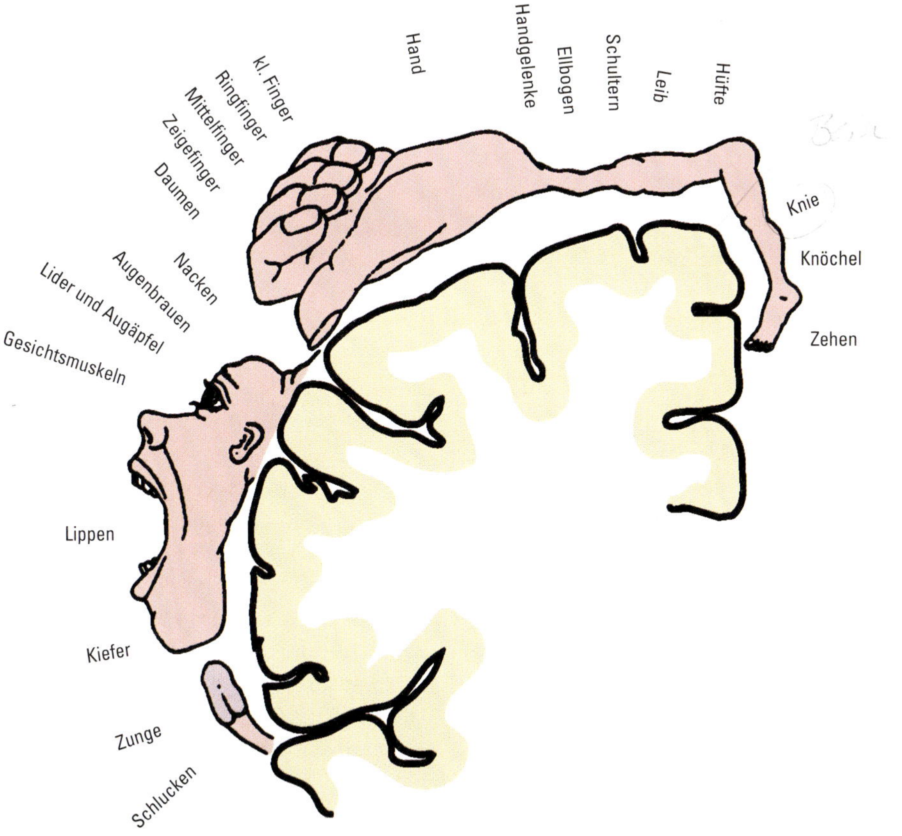

Abb. 25: Homunkulus

medi-learn.de/6-physio5-25

Area 4 dar, ergibt sich ein sehr verzerrt aussehendes und obendrein auf dem Kopf stehendes Männchen: der motorische Homunkulus. Man erkennt, dass die Hände und der Mund, deren Motorik ja sehr fein abgestimmt werden muss, auf einer wesentlich größeren Fläche repräsentiert sind als z. B. der Rücken. Auch mittels geeigneter Bildgebung kann eine topische Diagnostik erfolgen. So stellt z. B. die funktionelle Magnetresonanztomographie (fMRT) bestimmte Areale des Gehirns mit hoher Auflösung dar (z. B. „Markierung" des Sprachzentrums bei einem Sprachverständnistest).

3.3.3 Prämotorischer und supplementär-motorischer Kortex

Der prämotorische und der supplementär-motorische Kortex liegen frontal vom motorischen Kortex, im Bereich der Area 6 nach Brodmann. Den prä- und den supplementär-motorischen Kortex nennt man auch **sekundär-motorische Kortexareale**. Dem supplementär-motorischen Kortex werden Aufgaben bei der **Bewegungsplanung** zugerechnet. Er ist bedeutsam für die zeitliche Struktur komplexer Willkürbewegungen.
Der prämotorische Kortex hat die Aufgabe, die Aktivität von Muskelgruppen zu koordinieren.
Vom prä- und supplementär-motorischen Kortex führen Bahnen zum primär-motorischen Kortex, der dann über die Pyramidenbahnen die Bewegung ausführt.

Primär-motorischer Kortex (Area 4 nach Brodmann):
- Hier ist ein wichtiger Teil der Neurone des kortikospinalen Traktes lokalisiert.
- Kurz vor Bewegungsbeginn werden hier Zellen aktiviert.
- Die Zellen des distalen und proximalen Beinbereichs liegen oben an der Mantelkante im Bereich des Vertex.
- Die Zellen des Fußes liegen an der medialen Fläche zur Fissura longitudinalis cerebri.

Prä- und supplementär-motorischer Kortex (Area 6 nach Brodmann):
- Sie sind bedeutsam für die zeitliche Struktur bei komplexen Willkürbewegungen.
- Der supplementär-motorische Kortex projiziert in einem somatotopischen Muster auf den primär-motorischen Kortex.

Motorisches Bereitschaftspotenzial:
- mehrere 100 ms vor Beginn einer Bewegung
- wird von der Schädeloberfläche abgeleitet
- tritt bilateral, d. h. über beiden Hemisphären, auf
- ist im Vertex (Scheitel) ableitbar
- Dauer und Amplitude hängen von der Art der geplanten Bewegung ab

3.3.4 Basalganglien

Nach den Basalganglien wird sehr häufig gefragt, kein Wunder, denn eine der häufigsten Erkrankungen der Neurologie – der M. Parkinson – wird durch eine Störung im Bereich der Basalganglien hervorgerufen.
Die Basalganglien sind funktionell gegliedert:
- Corpus striatum (bestehend aus Nucleus caudatus und Putamen)
- Globus pallidus (bestehend aus externem und internem Anteil)
- Substantia nigra
- Nucleus subthalamicus.

Die Basalganglien spielen eine wichtige Rolle bei der Planung einer Bewegung. Sie bestimmen wesentlich die Richtung und die Kraft, mit denen eine Bewegung ausgeführt wird.

Basalganglien haben zum Teil hemmende und zum Teil erregende Einflüsse aufeinander. Als erregender Transmitter wird in der Regel **Glutamat**, als hemmender Transmitter meistens **GABA** verwendet. Darüber hinaus setzen die Neurone der Substantia nigra noch den Transmitter **Dopamin** frei, der über D_1-Rezeptoren hauptsächlich erregend und über D_2-Rezeptoren hemmend wirkt.
Neben diesen drei Haupttransmittern verwenden die Basalganglien auch noch Acetylcholin, Noradrenalin und eine Reihe weiterer Peptidtransmitter.

Die vereinfachte Verschaltungsschleife für einen Bewegungsentwurf sieht so aus:

Motorische (Assoziations-) Kortexareale → Basalganglien → Thalamus → (prä-)motorische Kortizes

Wenn du das weißt, reicht dies schon für eine ganze Reihe der Fragen im schriftlichen Examen aus, für einige der Fragen musst die Verschaltung jedoch genauer beherrschen.

Auf Abb. 26, S. 54 erkennst du, dass der Kortex erregende Einflüsse auf das Putamen ausübt.
Das Putamen wiederum beeinflusst sowohl den Globus pallidus externus als auch den Globus pallidus internus:
- Der hemmende Einfluss auf den Globus pallidus externus wird über den Transmitter GABA vermittelt, der an dieser Stelle einen Kotransmitter verwendet – das **Enkephalin**.
- Auch der Globus pallidus internus wird vom Putamen mit Hilfe des Transmitters GABA gehemmt, allerdings ist hier Substanz P der **Kotransmitter**.

Der Globus pallidus externus hat eine GABAerge hemmende Verbindung zum Nucleus subthalamicus, der seinerseits erregend auf den Globus pallidus internus wirkt (Transmitter: Glutamat).

Der Globus pallidus internus erhält also auf zwei Wegen Einflüsse vom Putamen:
1. Direkt über hemmende Fasern und
2. indirekt über den Globus pallidus externus und den Nucleus subthalamicus.

Der Globus pallidus internus projiziert jetzt mit hemmenden Fasern auf den motorischen Thalamus, und dieser hat schließlich fördernde Einflüsse auf den Kortex, sodass sich der Kreis (endlich ...) schließt. Doch damit nicht genug: Dieser Regelkreis wird auch noch durch die Substantia nigra mit ihren Anteilen – der Pars compacta und der Pars retikulata – beeinflusst:

- Die Pars compacta wirkt mit dem Transmitter Dopamin über D_1-Rezeptoren fördernd und über D_2-Rezeptoren hemmend auf das Putamen. Dabei ist der hemmende Einfluss vor allem an den Zellen ausgeprägt, die indirekt über den Globus pallidus externus und den Nucleus subthalamicus auf den Globus pallidus internus wirken. Der fördernde Einfluss der Pars compacta findet sich vor allem an den Zellen des Putamen, die direkt den Globus pallidus internus beeinflussen.
- Die Pars reticulata der Substantia nigra erhält erregende Einflüsse vom Nucleus subthalamicus und hemmt ihrerseits den motorischen Thalamus.

aktivierend	hemmend
Nucleus subthalamicus -> Substantia nigra, Pars reticulata (Transmitter = Glutamat)	Corpus striatum -> Globus pallidus, Pars interna (Transmitter = GABA mit Substanz P)
	Corpus striatum -> Globus pallidus, Pars externa (Transmitter = GABA mit Enkephalin)
	Globus pallidus, Pars interna -> Thalamus (Transmitter = GABA)
Substantia nigra, Pars compacta -> Corpus striatum (Transmitter = Dopamin über D_1-Rezeptor)	Substantia nigra, Pars compacta -> Corpus striatum (Transmitter = Dopamin über D_2-Rezeptor)

Tab. 5: Prüfungsrelevante Verschaltungen der Basalganglien

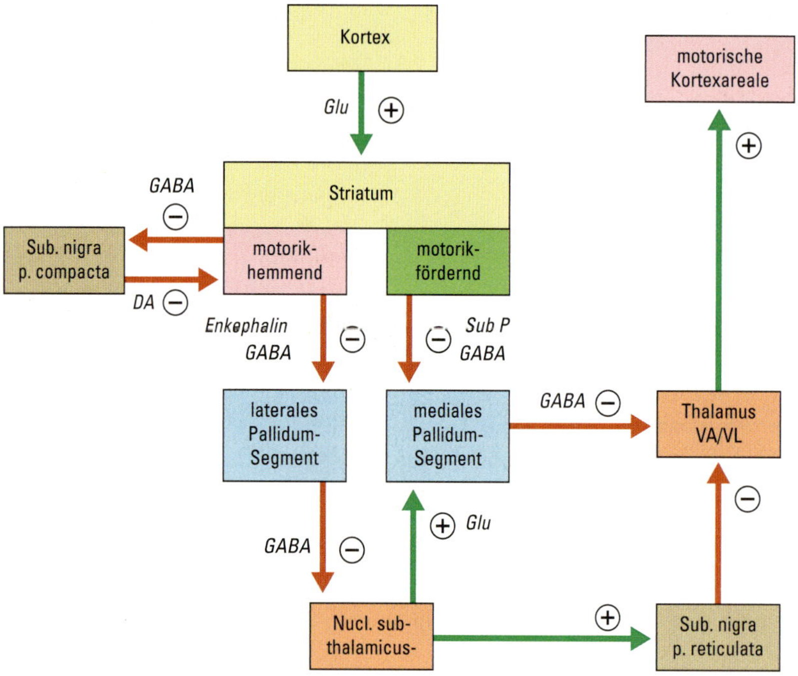

Abb. 26: Entstehung der Akinese bei M. Parkinson *medi-learn.de/6-physio5-26*

Die wichtigste Erkrankung der Basalganglien ist der M. Parkinson. Dabei handelt es sich um eine Degeneration der dopaminergen Zellen im Bereich der Substantia nigra. Ein Ausfall in diesem Bereich führt auf einem direkten und auch auf einem indirekten Weg zum Hauptsymptom des M. Parkinson, der Bewegungsarmut, die man in der Fachsprache als Akinese bezeichnet.

Fazit:
- Beim M. Parkinson sind die Ausgangskerne der Basalganglien – insbesondere der Globus pallidus internus – überaktiv, wodurch der Thalamus zu stark gehemmt wird.
- Der Nucleus subthalamicus ist durch Desinhibition (Hemmung einer Hemmung) überaktiv.

Neben der Akinese (Bewegungsarmut) gehören auch der Ruhetremor (langsames Zittern der Hände) sowie der Rigor (erhöhter Muskeltonus) zu den Symptomen des M. Parkinson. Der Tremor und der Rigor sind Phänomene, die bisher noch nicht so gut verstanden sind. Vermutlich hängen diese Symptome mit Einflüssen der Basalganglien auf die Formatio reticularis zusammen. Letztere soll rhythmisch Impulse an den motorischen Thalamus senden, die normalerweise durch die Basalganglien unterdrückt werden. Fällt diese Unterdrückung weg, könnte hieraus der Tremor resultieren.
Daneben hat die Formatio reticularis auch Verbindungen zu den Motoneuronen im Rückenmark, deren Aktivität ebenfalls durch die Basalganglien gehemmt wird. Ein Ausfall der Basalganglien würde diese Hemmung aufheben und zur erhöhten Aktivierung der Motoneurone durch die Formatio reticularis führen. Das könnte die Ursache für den Rigor sein.

direkter Weg zur Akinese	indirekter Weg zur Akinese
Ausfall der Substantia nigra pars compacta	Ausfall der Substantia nigra pars compacta
▽	▽
Ausfall der fördernden D_1-dopaminergen Einflüsse auf das Putamen	Ausfall der hemmenden D_2-dopaminergen Einflüsse auf das Putamen
▽	▽
verminderte Ausschüttung der hemmenden Transmitter GABA/Substanz P zum Globus pallidus internus	vermehrte Ausschüttung der hemmenden Transmitter GABA/ Enkephalin zum Globus pallidus externus
▽	▽
verminderte Hemmung (Desinhibition) des Globus pallidus internus	verminderte Aktivität des Globus pallidus externus
▽	▽
verstärkte Aktivität des Globus pallidus internus	verminderte Ausschüttung des hemmenden Transmitters GABA zum Nucleus subthalamicus
▽	▽
verstärkte Ausschüttung des hemmenden Transmitters GABA im Bereich des Globus pallidus internus	vermehrte Aktivtät des N. subthalamicus (Desinhibition)
▽	▽
verstärkte Hemmung des motorischen Thalamus	verstärkte Aktivität des Globus pallidus internus
▽	▽
verminderte Aktivität des motorischen Thalamus	verstärkte Ausschüttung des hemmenden Transmitters GABA im Bereich des Globus pallidus internus
▽	▽
verminderte Aktivität des motorischen Kortex	verstärkte Hemmung des motorischen Thalamus
	▽
	verminderte Aktivität des motorischen Thalamus
	▽
	verminderte Aktivität des motorischen Kortex

Tab. 6: Direkter und indirekter Weg zur Akinese bei M. Parkinson

Während beim M. Parkinson die Aktivität des N. subthalamicus erhöht ist, ist sie bei der autosomal dominant vererbten Chorea Huntington vermindert. Ursache dieser Erkrankung ist eine Degeneration der Neurone im Bereich des Corpus striatum, insbesondere derjenigen Neurone, die auf den Globus pallidus externus wirken. Aufgrund der verminderten Aktivität des N. subthalamicus wird die Aktivität der Ausgangskerne der Basalganglien vermindert, wodurch der hemmende Einfluss der Basalganglien auf den Thalamus zu gering wird. Die Folgen sind eine überschießende Motorik mit Grimassieren im Gesicht und schleudernde Bewegungen der Extremitäten. Das Symptom der schleudernden, ausfahrenden Bewegungen wird Ballismus genannt. Im Mittelalter hat man geglaubt, dass die Betroffenen vom Teufel besessen seien, weshalb man die Erkrankung Teufels- oder Veitstanz nannte. Ist – z. B. durch eine Blutung – nur ein einzelner N. subthalamicus geschädigt, kommt es auf der gegenüberliegenden Seite zu schleudernden Bewegungen der Extremität. Entsprechend be-

zeichnet man dieses Phänomen als Hemiballismus.
Ursache des M. Parkinson ist die Degeneration der dopaminergen Neurone in der Substantia nigra. Daraus resultiert eine vermehrte Hemmung thalamischer Neurone, an denen die Axone aus den Basalganglien enden. Die Parkinson-Symptome sind

- **Ruhetremor**,
- **Rigor** und
- **Akinese**.

Ursache der Chorea (Huntington) ist die Degeneration von Neuronen im Bereich des Corpus striatum. Daraus resultiert eine verminderte Hemmung thalamischer Neurone. Zu den Symptomen gehören überschießende Bewegungen (Ballismus).
Die Zerstörung nur eines **Nucleus subthalamicus** führt zum **Hemiballismus**.

3.3.5 Kleinhirn

Die Aufgabe des Kleinhirns ist die Feinkoordination der Bewegungen:
Das Kleinhirn erhält dazu mittels verschiedener Eingänge Informationen über den Bewegungsentwurf, das fertige Bewegungsprogramm und aus den Muskeln und Gelenken Auskunft über die tatsächlich ausgeführte Bewegung.

Ähnlich wie bei den Basalganglien (s. 3.3.4, S. 52) wird im schriftlichen Examen häufig nur nach dieser vereinfachten Schleife gefragt:

Motorische (Assoziations-) Kortexareale → Kleinhirnhemisphären → Thalamus → (prä-)motorische Kortizes

Abb. 27, S. 57 zeigt die Verschaltung schon genauer.

Du siehst, dass vom motorischen Assoziationskortex Bahnen zunächst zur Pons ziehen, die dann nach Umschaltung von dort zum Kleinhirn laufen. Über diese Fasern erhält das Kleinhirn Informationen über den **Bewegungsentwurf**.
Außerdem bekommt es eine Kopie des fertigen **Bewegungsprogramms**: Von den motorischen Fasern, die efferent den Motorkortex Richtung Rückenmark verlassen, zweigt ein Teil zur Olive und von dort ins Kleinhirn ab. Das Cerebellum erhält so eine Efferenzkopie des Bewegungsprogramms.
Schließlich gibt es noch die spinozerebellären Bahnen, die das Kleinhirn mit Informationen aus den Muskelspindeln und Gelenkrezeptoren versorgen, sodass es stets über die **Stellung** der Gelenke im Raum informiert ist. Das Kleinhirn hat somit auch eine Afferenzkopie und kann mit diesen Informationen bei einer Bewegung den Sollwert mit dem Istwert abgleichen.

Funktionelle Histologie

Histologisch kann man die Kleinhirnrinde in drei Schichten aufteilen (s. Skript Histologie 2):

1. Innen liegt die Körnerzellschicht, die neben den Körnerzellen auch Golgizellen enthält.
2. Darüber liegt die Purkinje-Zellschicht.
3. Ganz außen schließlich befindet sich die Molekularschicht, die Axone der Körner-Zellen (Parallelfasern) und zudem noch Korb- und Sternzellen enthält.

Merke!

Die einzigen Ausgänge der Kleinhirnrinde sind die Purkinje-Zellen. Sie projizieren auf die Kleinhirnkerne und haben dort einen hemmenden Einfluss. Ihr Transmitter ist GABA.

Purkinje-Zellen werden von mehreren Zellarten beeinflusst. Wie bereits beschrieben erhalten die Oliven eine Efferenzkopie des motorischen Bewegungsprogramms. Von der unteren

Olive aus erreicht dann dieses Signal über die **Kletterfasern** die Kleinhirnrinde. Diese Fasern durchziehen die beiden unteren Schichten der Kleinhirnrinde und klettern hinauf bis zu den Dendriten der Purkinje-Zellen, wo sie zahlreiche erregende Synapsen ausbilden.

Außer den Kletterfasern gehören auch **Moosfasern** zu den Eingängen des Kleinhirns. Sie kommen z.T. aus Kerngebieten der Pons, die ja den Bewegungsentwurf vom Assoziationskortex enthalten, und auch vom Tractus spinocerebellaris, der die Informationen von Muskelspindeln und Gelenkrezeptoren leitet und dem Kleinhirn somit eine Afferenzkopie zuführt. Die Moosfasern gelangen nur bis zur Körnerzellschicht. Dort wirken sie erregend auf die Körnerzellen. Körnerzellen haben Axone, die nach oben ins Stratum moleculare ziehen und sich dort T-förmig aufteilen. Diese aufgeteilten Axone der Körnerzellen bezeichnet man als Parallelfasern, da sie parallel zur Oberfläche der Kleinhirnrinde verlaufen. Die **Parallelfasern** bilden erregende Synapsen mit den Dendriten der Purkinje-Zellen und verwenden dazu den Transmitter Glutamat.

Die Purkinje-Zellen integrieren die sie erreichenden unterschiedlichen Signale in

- Signale aus dem Rückenmark und den pontinen Kernen, die über Moosfasern und nach Umschaltung in Körnerzellen an die Purkinje-Zellen gelangen und
- Signale, die aus den Oliven als Kletterfasern die Purkinje-Zelldendriten erreichen.

Somit integrieren sie das Bewegungsprogramm (aus dem Assoziationskortex mit Umschaltung in der Pons), die Efferenzkopie (aus dem motorischen Kortex mit Umschaltung in den Oliven) und die Afferenzkopie aus den spinozerebellären Trakten.

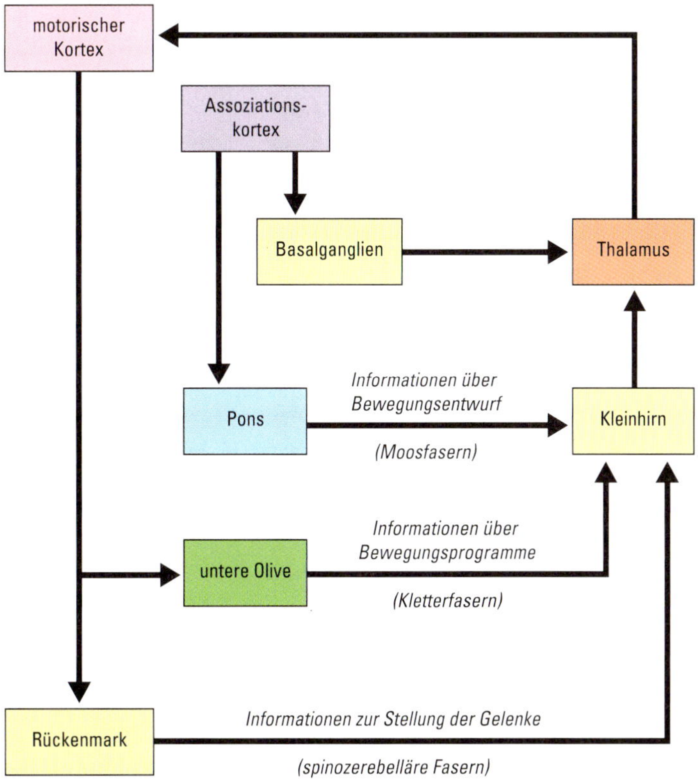

Abb. 27: Kleinhirnverschaltung

medi-learn.de/6-physio5-27

Damit sie sich vor lauter Integrationsarbeit nicht überanstrengen, können die Purkinje-Zellen auch gehemmt werden.

- Die Parallelfasern der Körnerzellen erreichen in der Molekularschicht nämlich nicht nur die Dendriten der Purkinje-Zellen, sondern bilden teilweise auch Synapsen mit den Korb- und Sternzellen. Bei diesen Zellen handelt es sich um hemmende Interneurone. Sie bilden synaptische Verbindungen mit den Purkinje-Zellen und benutzen als Transmitter GABA.
- Moosfasern erreichen in der Körnerzellschicht außer den Körnerzellen auch Golgizellen. Diese haben hemmende Synapsen zu den Körnerzellen, sodass der erregende Einfluss der Körnerzellen auf die Purkinje-Zellen abgeschwächt werden kann. Auch die Golgizellen verwenden als Transmitter GABA.

Zusammengefasst kann man feststellen, dass die Zellen der Kleinhirnrinde mit Ausnahme der Körnerzellen den hemmenden Transmitter GABA verwenden. Das gilt auch für die einzigen Ausgangsneurone der Kleinhirnrinde, die Purkinje-Zellen. Körnerzellen wirken erregend und schütten als Transmitter Glutamat aus.

Zu den Eingängen des Kleinhirns:

- **Kletterfasern**
  - stammen aus der **Olive**,
  - leiten Informationen vom motorischen Kortex nach Umschaltung in der Olive an das Kleinhirn weiter (Bewegungsprogramm) und
  - übermitteln Informationen über die Auslösung und den Verlauf von Bewegungen.
- **Moosfasern**
  - stammen u. a. aus den **pontinen Kernen**,
  - leiten außerdem Informationen vom Rückenmark an das Kleinhirn weiter und
  - werden auf Körnerzellen umgeschaltet.

Zur Verschaltung innerhalb des Kleinhirns:

- Die **erregenden** Zellen in der **Kleinhirnrinde** sind die Körnerzellen (glutamaterg).
- **hemmende (GABAerge) Zellen** in der **Kleinhirnrinde** sind die
  - Golgizellen,
  - Korbzellen,
  - Sternzellen und
  - Purkinje-Zellen.

Zu den Ausgängen des Kleinhirns:

- Die **Purkinje-Zellen** des Kleinhirns sind der **einzige Ausgang** aus dem cerebellären Kortex.
- Purkinje-Zellen wirken **hemmend** auf die nachgeschalteten Neurone.
- GABA ist der Transmitter der synaptischen Verbindung zwischen den Purkinje-Zellen und den Neuronen der Kleinhirnkerne.

Aufgabenteilung im Kleinhirn

Funktionell kann man das Kleinhirn in drei Bereiche einteilen (s. Abb. 28, S. 59):

1. das Vestibulocerebellum – entspricht anatomisch etwa dem Lobus flocculonodularis
2. das Spinocerebellum liegt im Vermis und im intermediären Übergangsbereich zwischen Vermis und den Hemisphären
3. das Pontocerebellum – entspricht anatomisch im Wesentlichen den Kleinhirnhemisphären

Das **Vestibulocerebellum** ist in erster Linie dafür zuständig, Informationen aus den Gleichgewichtsorganen zu verarbeiten und das Gleichgewicht sowie die Stützmotorik zu regulieren. Es erhält dazu über den Tractus vestibulocerebellaris Informationen aus den Makula- und den Bogengangsorganen. Die Purkinje-Zellen des Verstibulocerebellums projizieren direkt auf die Vestibulariskerne.

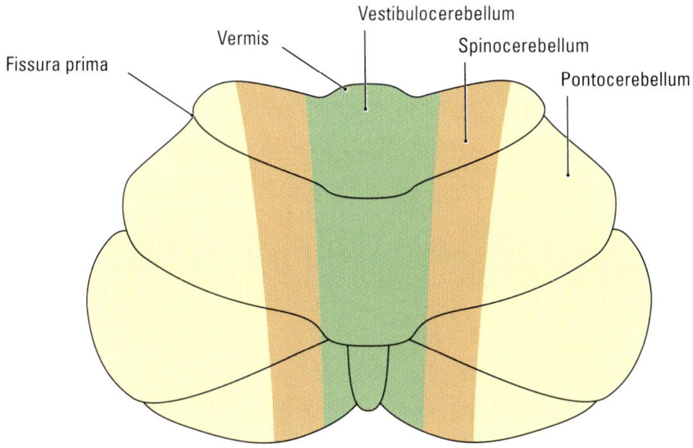

Abb. 28: Kleinhirnübersicht *medi-learn.de/6-physio5-28*

Die wichtigste neuronale Schleife, in die das Vestibulocerebellum eingebunden ist, sieht also so aus:

N. vestibularis
↙ ↖
Vestibulocerebellum ⟶ Vestibulariskerne

Das **Spinocerebellum** hat die Aufgabe, die Körperhaltung zu steuern und für ein koordiniertes Zusammenspiel zwischen der Stütz- und der Zielmotorik zu sorgen. Es erhält über die Tractus spinocerebellaris anterior und posterior Informationen aus den Muskelspindeln und den Gelenkrezeptoren. Diese Angaben zur gegenwärtigen Stellung der Gelenke und zur Bewegung liefern ihm also die Afferenzkopie einer Bewegung.

Die Purkinje-Zellen des Spinocerebellums projizieren auf den **Nucleus globosus** und den **Nucleus emboliformis**, außerdem projizieren die x-Anteile des Spinocerebellums auf den Ncl. fastigii. Von hier aus geht das Signal zunächst an den motorischen Thalamus und von dort schließlich in den motorischen Kortex. Erreicht werden vor allem der primär-motorische Kortex (Area 4 nach Brodmann) sowie der prä- und supplementär-motorische Kortex.

Die neuronale Erregungsschleife des Spinocerebellums ist folglich:

motorischer Kortex
↑
Thalamus
↑
cerebellärer Kortex ⟶ Ncl. globosus bzw. Ncl. emboliformis
↑
Rückenmark

Den größten Anteil am Kleinhirn nimmt das **Pontocerebellum** ein. Es dient der Steuerung der Zielmotorik und der Erstellung von Bewegungsprogrammen. Außerdem bekommt das Pontocerebellum eine Kopie des Bewegungsentwurfs.

Die Fasern aus den pontinen Kernen kommen – wie schon der Name sagt – ebenfalls im Pontocerebellum an und führen die Informationen aus dem motorischen Assoziationskortex. Die Efferenzkopie der Bewegungsimpulse erhält das Pontocerebellum über die Kletterfasern aus der unteren Olive. Die untere Olive wiederum hat Zuflüsse aus Kollateralen von Fasern, die vom Motorkortex absteigen.

funktioneller Anteil	anatomische Entsprechung	Eingänge	Ursprungskern	Ursprungsort der Information	Anatomischer Eingang	Fasertyp	Zielkern im Kleinhirn	Zielort der Information	Vermutlich wichtigste Funktion	Ausfallssymptom
Vestibulocerebellum	Lobus flocculonodularis	Tractus vestibulocerebellaris	Nucleus vestibularis	Gleichgewichtsorgane	Pedunculus cerebellaris inferior	Moosfasern	Nucleus fastigii	Nucleus vestibularis	Gleichgewicht, Okulomotorik, Stützmotorik	Schwindel, Gleichgewichtsstörungen, Nystagmus, Ataxie
Spinocerebellum	Vermis und Intermediärbereich	Tractus spinocerebellaris posterior	Nucleus dorsalis	Muskelspindeln und Gelenkrezeptoren	Pedunculus cerebellaris inferior	Moosfasern	Nucleus globosus, Nucleus emboliformis	Thalamus, von dort motorischer Kortex Area 4 und 6 (primär-, prae- und supplementärmotorischer Kortex)	Haltung, Koordinierung von Stütz- und Zielmotorik	(Ataxie, isolierter Ausfall des Spinocerebellums, kommt kaum vor)
		Tractus spinocerebellaris anterior	Hinterhörner des Rückenmarks		Pedunculus cerebellaris superior	Moosfasern				
		Tractus spinocerebellaris superior								
Pontocerebellum	Kleinhirnhemisphären	Tractus olivocerebellaris	untere Olive	Kortex (Kollaterale der Neurone, die im Rückenmark Motoneurone versorgen)	Pedunculus cerebellaris inferior	Kletterfasern	Nucleus dentatus		Feinmotorik, Erlernen von Bewegungsprogrammen	Störungen der Zielmotorik, Dysmetrie, Dysarthie, Dysdiadochokinese
		Tractus pontocerebellaris	pontine Kerne	Assoziationskortex (Informationen zum Bewegungsentwurf)	Pedunculus cerebellaris medius	Moosfasern	Nucleus dentatus			

Tab. 7: Funktionelle Einteilung des Kleinhirns

Die Purkinje-Zellen des Pontocerebellums projizieren auf den Nucleus dentatus. Von dort geht das Signal – wie beim Spinocerebellum – zum motorischen Thalamus und dann zum primär-, prä- und supplementär-motorischen Kortex.
Die neuronale Erregungsschleife des Pontocerebellums, das lateral in den Kleinhirnhemisphären liegt, sieht demnach so aus:

motorische Kortexareale → cerebellärer Kortex → Ncl. dentatus → Thalamus → motorischer Kortex (Areae 4 und 6)

Das Vestibulocerebellum liegt im Lobus flocculonodularis, beeinflusst über den Tractus vestibulospinalis die Stammmuskulatur und bekommt wesentliche afferente Eingänge aus den Bogengangs- und Makulaorganen.

Das Spinocerebellum liegt im Intermediärbereich und im Vermis. Es ist Bestandteil der neuronalen Kette: Rückenmark → cerebellärer Kortex → Ncl. globosus bzw. Ncl. emboliformis → Thalamus → motorischer Kortex

Das Pontocerebellum liegt in den Kleinhirnhemisphären (Neocerebellum), steuert die Willkür- und Zielmotorik über die cerebro-cerebellare Schleife und ist an der Erstellung von Bewegungsprogrammen beteiligt
Es ist Bestandteil der neuronalen Kette: motorische Kortexareale → cerebellärer Kortex → Ncl. dentatus → Thalamus → motorischer Kortex (Areae 4 und 6)

Ein Ausfall bestimmter Anteile des Kleinhirns hat charakteristische klinische Folgen.
Eine Störung der **medial** gelegenen Abschnitte im Lobus flocculonodularis, im Vermis und in intermediären Abschnitten des Kleinhirns hat vor allem eine Störung der Gleichgewichtsfunktionen sowie der Stütz- und Haltungsmotorik zur Folge. Patienten, die in diesem Bereich z. B. einen Tumor haben, klagen über Schwindel und haben einen deutlichen Nystagmus. Außerdem beobachtet man eine Gang- und Standataxie, d. h. einen unsicheren, schwankenden Gang und ebenfalls unsicheres Stehen.

Patienten mit einer isolierten Störung der **Kleinhirnhemisphären** sind in der Regel nicht ataktisch. Sie haben allerdings eine Dysmetrie (Störung der Zielmotorik), was sich daran zeigt, dass sie häufig an einem Gegenstand vorbeigreifen. Man testet dies, indem man den Patienten auffordert, bei geschlossenen Augen mit dem Zeigefinger in hohem Bogen auf die Nasenspitze zu zeigen. Kleinhirnpatienten treffen oft mehr als 20 cm daneben, außerdem kann man am Ende der Bewegung ein zunehmendes Zittern der Hand beobachten (**Intentionstremor**). Neben der gestörten Zielmotorik fällt an diesen Menschen auch die Dysarthrie, d. h. die verwaschene Sprache auf. Schließlich haben sie auch noch **Schwierigkeiten, komplexe Bewegungsabläufe zu koordinieren** und zu erlernen. Bittet man diese Patienten beispielsweise die Hand wie beim Einschrauben einer Glühbirne zu bewegen, läuft diese Bewegung nur sehr langsam und fehlerhaft ab. Dieses Phänomen nennt man **Dysdiadochokinese**.

Eine **kombinierte Störung** der Funktion der Kleinhirnhemisphären und der median gelegenen Anteile kann man bei Betrunkenen beobachten: Alkohol beeinträchtigt nämlich besonders die Funktion des Kleinhirns. Die Funktionsstörung der medial gelegenen Bereiche sieht man am schwankenden Gang und bei schwer Betrunkenen am **Nystagmus**. Die Störung der Hemisphären macht sich in der lallenden Sprache und in der motorischen Ungeschicklichkeit, z. B. beim Versuch, einen Haustürschlüssel ins Schloss zu stecken, bemerkbar.

Merke!

Sind die median gelegenen Teile (Vestibulo- und Spinocerebellum) gestört, kommt es zu
- Gangataxie,
- Standataxie,
- Gleichgewichtsstörung mit Rumpfataxie (Ataxie der axialen und proximalen Körperabschnitte),
- Schwindel und
- Nystagmus.

Merke!

Symptome einer isolierten (!) Störung der Kleinhirnhemisphären sind
- Adiadochokinese, Dysdiadochokinese/Bradydiadochokinese
- Störungen beim Erlernen motorischer Fertigkeiten,
- gestörtes Erstellen komplexer Bewegungsprogramme,
- Dysarthrie (Sprechstörung) und
- Intentionstremor.

Es findet sich jedoch KEINE Ataxie.

DAS BRINGT PUNKTE

Bei den neuronalen Systemen des Rückenmarks kannst du Punkte sammeln, wenn du zu den **Muskelspindeln** weißt, dass

- sie Längendetektoren sind, die Ia- und II-Afferenzen besitzen,
- sie bei Dehnung erregt werden,
- ihre intrafusalen Fasern durch γ-Motoneurone erregt werden und
- die γ-Motoneurone bei einer isotonen Kontraktion zusammen mit den Motoneuronen koaktiviert werden, um die Empfindlichkeit zu sichern (Sollwert-Einstellung).

Zum **Hoffmann–Reflex** solltest du wissen, welche Fasern die Wellen auslösen und wie die zeitliche Abfolge der Reflexantworten ist:

- M-Welle durch Reizung der $A\alpha$- und H-Welle durch Reizung der Ia-Fasern
- Zeitliches Auftreten der x Antwort nach entsprechendem Stimulus (aufsteigend) M-Welle → H-Reflex → T-Reflex

Sehr leicht kannst du mit den **Golgi-Sehnenorganen** punkten. Es wird hier nämlich fast immer nach der **autogenen Hemmung** gefragt:

- Reizung der Golgi-Sehnenorgane erregt Ib-Fasern, die über ein hemmendes Interneuron das $A\alpha$-Neuron des eigenen Muskels hemmen

Schließlich solltest du noch **Herrn Renshaws Zellen** kennen:

- Eine Kollaterale des Motoneurons läuft rückwärts (recurrent) und wird über die inhibitorische Renshaw-Zelle umgeschaltet.
- Die Renshaw-Zelle erzeugt am Motoneuron ein inhibitorisches postsynaptisches Potenzial.
- Das Motoneuron überträgt mit Acetylcholin, die Renshaw-Zelle mit Glycin.

Bei den **neuronalen Systemen des Gehirns** wird immer wieder nach den **Schleifen** gefragt:

- Motorische Kortexareale → Kleinhirnhemisphären → Thalamus → (prä-) motorische Kortizes.
- Motorische Kortexareale → Basalganglien → Thalamus → (prä-) motorische Kortizes.

Bei den **Basalganglien** kannst du punkten, wenn du einige **Transmitter** kennst:

- Die Substantia nigra überträgt mit Dopamin auf das Corpus striatum.
- Das Corpus striatum überträgt mit GABA und Substanz P auf das interne Pallidum P, mit GABA und Enkephalin auf das externe Pallidum.

Außerdem wird gerne nach dem **M. Parkinson** gefragt:

- Ursache ist eine Degeneration dopaminerger Neurone in der Substantia nigra. Eine vermehrte Hemmung thalamischer Neurone führt dann zu Ruhetremor, Akinese und Rigor.

Beim Thema **Kleinhirn** kannst du am besten mit den klinischen Fragen punkten:

- Kleinhirnhemisphären-Patienten leiden an Adiadochokinese, Störungen beim Erlernen motorischer Fertigkeiten und beim Erstellen komplexer Bewegungsprogramme an Dysarthrie und an Intentionstremor.
- Patienten mit Störungen der median gelegenen Kleinhirnanteile haben eher eine Gang- und Standataxie, Schwindel und Nystagmus.

FÜRS MÜNDLICHE

So, zum Ende des Kapitels „Motorik" nun nochmal die grauen Zellen aktivieren! Hier kommen die passenden Fragen.

1. **Beschreiben Sie bitte, was passiert, wenn Sie einem Patienten mit dem Reflexhammer auf die Patellarsehne klopfen.**
2. **Was verstehen Sie unter autogener Hemmung?**
3. **Was ist die Renshaw-Hemmung?**
4. **Nennen Sie die wichtigsten Symptome, den Pathomechanismus und eine Therapiemöglichkeit beim Morbus Parkinson!**
5. **Welche Aufgaben werden dem Kleinhirn zugeschrieben?**
6. **Was ist Chorea Huntington?**
7. **Wann tritt eine spastische, wann eine schlaffe Lähmung auf?**

---

1. Beschreiben Sie bitte, was passiert, wenn Sie einem Patienten mit dem Reflexhammer auf die Patellarsehne klopfen.

Durch das Beklopfen der Sehne wird der M. quadriceps femoris etwas gedehnt. Da Muskelspindeln Dehnungsrezeptoren sind, werden sie aktiviert und erhöhen die Aktivität der Ia-Fasern, die über die Hinterhörner ins Rückenmark eintreten und von dort zu den Vorderhörnern ziehen. Die Ia-Fasern werden dort monosynaptisch auf die Aα-Motoneurone umgeschaltet. Die Erregung der Aα-Motoneurone bewirkt schließlich eine kurze Zuckung des Muskels. Bei Willkürbewegungen kann der Sollwert der Muskelspindeln durch eine Aktivierung der intrafusalen Fasern mit Hilfe der γ-Motoneuronen eingestellt werden.

2. Was verstehen Sie unter autogener Hemmung?

Bei einer Muskelkontraktion werden Kräfte auf die Sehnen des Muskels ausgeübt, die von den Golgi-Sehnenorganen registriert werden. Diese aktivieren Ib-Fasern, die in den Vorderhörnern auf inhibitorische Interneurone umgeschaltet werden. Diese Interneurone hemmen das Aα-Motoneuron des eigenen Muskels, was dann als autogene Hemmung bezeichnet wird.

3. Was ist die Renshaw-Hemmung?

Bei der Renshaw-Hemmung wird eine noch im Vorderhorn rückwärts verlaufende Kollaterale des Aα-Motoneurons aktiviert. Die Kollaterale wird auf ein inhibitorisches Interneuron umgeschaltet, das man als Renshaw-Zelle bezeichnet. Die Renshaw-Zelle erzeugt mit Hilfe des Transmitters Glycin ein inhibitorisches postsynaptisches Potenzial am Aα-Motoneuron und hemmt es damit.

4. Nennen Sie die wichtigsten Symptome, den Pathomechanismus und eine Therapiemöglichkeit beim Morbus Parkinson!

Durch den Untergang von Neuronen in der Substantia nigra entsteht ein relatives dopaminerges Defizit. Es kommt zu einer Überaktivität des Ncl. subthalamicus und des medialen Pallidumsegments, was zu einer Hemmung thalamischer Neurone führt. Dies wiederum hemmt die motorischen Kortexareale (s. hierzu Abb. 26, S. 54). Typische Symptome sind Tremor, Rigor und Akinese. Medikamentös mit unter anderem L-Dopa substituiert, welches nachdem es die Bluthirnschranke passiert hat zu Dopamin umgewandelt wird und dann das Transmitterdefizit ausgleicht.

5. Welche Aufgaben werden dem Kleinhirn zugeschrieben?

Die Hauptaufgaben des Kleinhirns werden in der Feinkoordination der Bewegungen gesehen. Dazu erhält es eine ganze Reihe von Informationen:

- Aus dem Assoziationskortex über die Pons laufen Moosfasern in die Kleinhirnrinde, die Informationen darüber geben, welche Bewegung gewünscht wurde.
- Aus dem Motorkortex laufen über die Oliven Kletterfasern ein, die das Kleinhirn über die ins Rückenmark gesendeten Bewegungsimpulse informieren.
- Schließlich erhält das Kleinhirn über die Tractus spinocerebellares Informationen über die tatsächliche Stellung der Gelenke.

Diese Informationen integriert das Kleinhirn und greift über seine Ausgänge, die über den Thalamus Richtung Motorkortex ziehen, in die Bewegungsplanung ein. Störungen der Kleinhirnhemisphären machen sich an einem Intentionstremor, an einer Adiadochokinese und vor allem an Störungen der Feinmotorik bemerkbar.

6. Was ist Chorea Huntington?

Antwort: Die auch als Veitstanz bezeichnete Krankheit wird autosomal dominant vererbt. Hier kommt es anders als beim Morbus Parkinson zu einem Untergang von Neuronen im Bereich des Ncl. subthalamicus und Globus pallidus medialis, woraufhin die Hemmung des Thalamus „wegfällt" und ein Mehr an Motorik entsteht.

7. Wann tritt eine spastische, wann eine schlaffe Lähmung auf?

Eine spastische Lähmung tritt vor allem bei einer Läsion des ersten Motoneurons auf, wohingegen eine schlaffe Lähmung bei Läsionen des zweiten Motoneurons auftritt.

Mehr Cartoons unter www.medi-learn.de/cartoons

Pause

Kurze Pause!

4 Somatoviszerale Sensorik

Fragen in den letzten 10 Examen: 24

In diesem Kapitel geht es zunächst um allgemeine Funktionsprinzipien von Sinnesrezeptoren. Dieses Thema ist vor allem für die mündliche Prüfung interessant, für das Schriftliche musst du hauptsächlich den Unterschied zwischen P- und D-Rezeptoren kennen.

Außerdem findest du hier noch Wissenswertes zum Tast-, Temperatur- und Schmerzsinn. Vor allem das Thema „Schmerzen" ist nämlich nicht nur für das Physikum, sondern auch für die spätere Klinik wichtig.

4.1 Allgemeine Sinnesphysiologie

Sehen, Hören, Riechen, Schmecken und Tasten kennen wir als unsere fünf Sinne. Zu diesen klassischen Sinnesmodalitäten kommen noch weitere hinzu, z. B. Gleichgewichtssinn. Innerhalb einer einzelnen Modalität gibt es verschiedenen Qualitäten. Ein hochfrequenter Ton hat z. B. eine andere Tonqualität als ein Ton mit niedriger Frequenz.
Außerdem gibt es noch verschiedene **Intensitäten**: Ein Ton einer bestimmten Frequenz kann leiser oder lauter sein.

4.1.1 Sinnesschwellen

Bereits im 19. Jahrhundert haben sich Weber und Fechner mit der Frage beschäftigt, wie stark Sinnesreize gesteigert werden müssen, damit die Sinnesorgane tatsächlich Veränderungen wahrnehmen können. Nach dem Weber-Quotienten und dem Fechner-Gesetz wird im Schriftlichen zwar nur selten gefragt, aber gelegentlich kommt das Thema in mündlichen Prüfungen dran.

Reiz- und Unterschiedsschwellen

Unsere Sinnesorgane können Reize nur in einem bestimmten Bereich wahrnehmen: Zu leise Töne beispielsweise können nicht wahrgenommen werden. Als **Reizschwelle** bezeichnet man nun diejenige Intensität eines Reizes, die gerade eben ausreicht, um einen Sinneseindruck hervorzurufen, z. B. den Ton, der so laut ist, dass er gerade noch gehört werden kann. Bitte achte darauf, niemals die Reizschwelle mit der Unterschiedsschwelle zu verwechseln: Eine Unterschiedsschwelle stellt man fest, indem man zunächst einen wahrnehmbaren Reiz anbietet und dann prüft, um wie viel dieser Reiz mindestens verstärkt werden muss, bis er tatsächlich als stärkerer Reiz wahrgenommen wird. Man bietet z. B. einem Probanden einen gerade hörbaren Ton an und anschließend einen zweiten, nur wenig lauteren Ton. Die Unterschiedsschwelle ist dann erreicht, wenn der zweite Ton gerade so viel (oder besser so wenig) lauter ist als der erste, dass der Proband diesen Unterschied hört.
Beim Tastempfinden spricht man statt von der Unterschiedsschwelle von der simultanen Zwei-Punkt-Diskrimination. Getestet wird sie dadurch, dass man einen Zirkel auf die Haut aufsetzt und den Abstand misst, ab dem die beiden Zirkelspitzen als zwei unterschiedliche Berührungspunkte wahrgenommen werden. Diese simultane Raumschwelle ist am Rücken am größten. Kleine simultane Raumschwellen findet man dort, wo feine Unterschiede wahrgenommen werden müssen, z. B. an der Fingerbeere, der Zunge und den Lippen. Die Nervenfasern, die solche Informationen weiterleiten, sind schnell leitende Aβ – Afferenzen (Afferenzen der Gruppe II).

Übrigens ...
Bei der Untersuchung von Unterschiedsschwellen hat man festgestellt, dass bei schwachen Reizen schon relativ geringe Unterschiede zwischen dem erstem und dem zweitem Reiz wahrgenommen werden, während bei starken Reizen, z. B. wenn der Ausgangston schon sehr laut ist, der zweite Reiz wesentlich intensiver sein muss als der erste.

Weber-Quotient

Der Weber-Quotient drückt diesen Zusammenhang in einer Formel aus.

$$\Delta\varphi/\varphi = c$$

φ ist die Reizstärke des Ausgangsreizes, Δφ die Änderung zwischen erstem und zweitem Reiz.

Je größer der Ausgangsreiz, desto größer muss auch der Abstand zwischen dem erstem und dem zweitem Reiz sein, damit eine Änderung noch wahrgenommen werden kann.

Merke!

Der Weber-Quotient gilt nicht nur für die Modalität „Hören", sondern auch für die anderen Sinne. Er ist als das Verhältnis von Reizzuwachs zu Ausgangsreizstärke bei der Erzeugung eines eben merklich stärkeren Sinneseindrucks definiert.

Fechner-Gesetz und Stevens-Funktion

In diesem Kapitel kommen einige Umrechnungen mithilfe von Logarithmen vor, aber keine Sorge: Im schriftlichen Examen ist schon seit Längerem kaum mehr danach gefragt worden. Dieses Thema ist daher vor allem für mündliche Prüfung interessant.

Ein Reiz, dessen physikalische Reizintensität doppelt so groß ist wie die Intensität eines Vergleichsreizes, wird nicht als doppelt so intensiv wahrgenommen, sondern nur als ein wenig stärker als der Vergleichsreiz. Die Intensität der Wahrnehmung steht also nicht mit der Intensität eines Reizes in direktem, linearem Zusammenhang.
Die Skala nach Fechner stellt den Zusammenhang zwischen einer Reizintensität und der Empfindungsstärke dar. Fechner hat als Einheiten für die Empfindungsstärke die Unterschiedsschwellen zwischen angebotenen Reizen verwendet. Bei schwachen Reizen genügt eine geringe Reizzunahme, um die Unterschiedsschwelle zu überschreiten, während bei starken Reizen ein viel größerer Reizzuwachs zum Erreichen der Unterschiedsschwelle erforderlich ist.
Wenn man mit Fechner die Unterschiedsschwellen als kleinste Einheiten einer Wahrnehmungsintensität annimmt, ergibt sich eine logarithmische Beziehung zwischen der Wahrnehmungsintensität Ψ und der Reizintensität φ:

$$\Psi = k \cdot \log \varphi / \varphi_0$$

Stevens hat nun mit einer Versuchsreihe den Zusammenhang zwischen Wahrnehmungsintensität und Reizintensität erforscht: Er bot Probanden Reize wie z. B. Lichtreize oder Töne an und forderte sie auf, die Stärke der Reize zu vergleichen. Sie sollten z. B. angeben, ob sie den Ton als doppelt oder dreifach so laut empfanden wie einen Vergleichston.
Dabei fand er heraus, dass folgende Formel eine gute Näherung für die Beziehung zwischen Reizintensiät φ und der Wahrnehmungsintensität Ψ ergibt:

$$\Psi = k \cdot (\varphi - \varphi_0)^a$$

Dabei hängt a davon ab, welche Sinnesmodalität – z. B. Sehen oder Hören – getestet wurde.

4.1.2 Rezeptive Strukturen

Sinnesrezeptoren lassen sich in primäre und sekundäre Sinneszellen einteilen:

- Von einer **primären Sinneszelle** spricht man, wenn die Zelle, die den Reiz aufnimmt, gleichzeitig die Nervenzelle ist, die den Reiz weiterleitet. Beispiele für primäre Sinneszellen sind die freien Nervenendigungen für die Schmerzwahrnehmung oder für die Temperaturwahrnehmung in der Haut.
- **Sekundäre Sinneszellen** (z. B. Haarzellen im Innenohr) nehmen den Reiz auf und müssen ihn in einem zweiten Schritt über einen Neurotransmitter auf eine Nervenfaser übertragen.

Folgendes Modell einer rezeptiven Struktur soll die Prozesse bei der Sinneswahrnehmung und – weiterleitung verdeutlichen:

Abb. 29, S. 69 stellt einen Chemorezeptor vereinfacht dar, wie er sich z. B. in der Nase für den Geruchssinn befindet. Es handelt sich um eine spezialisierte Nervenzelle, die an ihrem Ende Rezeptormoleküle trägt, die für bestimmte Geruchsstoffe spezifisch sind.
Wenn nun ein Geruchsstoff an das Rezeptormolekül bindet, werden in der Umgebung des Rezeptormoleküls G-Proteine aktiviert, die ihrerseits eine Öffnung von Kationenkanälen bewirken.

Nun können Na^+- (und Ca^{2+}-) Ionen in die Zelle einströmen. Dadurch wird die Zellmembran in diesem Bereich depolarisiert. Diese Depolarisation bezeichnet man als **Rezeptor- oder auch als Generatorpotenzial**. Je mehr Geruchsstoffe in der Luft sind, je mehr es also „stinkt", desto mehr und desto häufiger werden Rezeptormoleküle aktiviert. Entsprechend mehr Ionenkanäle öffnen sich dann, sodass an der Zellmembran noch stärker depolarisiert wird. Bei einem Rezeptorpotenzial ist die **Amplitude abhängig von der Reizstärke** – im Gegensatz zu einem Aktionspotenzial richtet es sich NICHT nach dem „Alles-oder-nichts-Prinzip".

4

Merke!

Das Rezeptorpotenzial ist um so ausgeprägter, je intensiver der Reiz ist: Je mehr es stinkt, desto stärker wird an den Geruchszellen depolarisiert.

Die Übertragung eines Reizes in ein Rezeptorpotenzial wird alsTransduktion bezeichnet. Unser Beispiel zeigte dieTransduktion für den Geruchssinn.Transduktionsprozesse gibt es aber auch bei anderen Rezeptoren, z. B. bei den freien Nervenendigungen für dieThermorezeption. In diesen Nervenmembranen sind Ionenkanäle verankert, die sich temperaturabhängig öffnen oder schließen. Ein weiteres Beispiel sind die Mechanorezeptoren in der Haut. Dort öffnen sich die Ionenkanäle durch mechanische Dehnung.

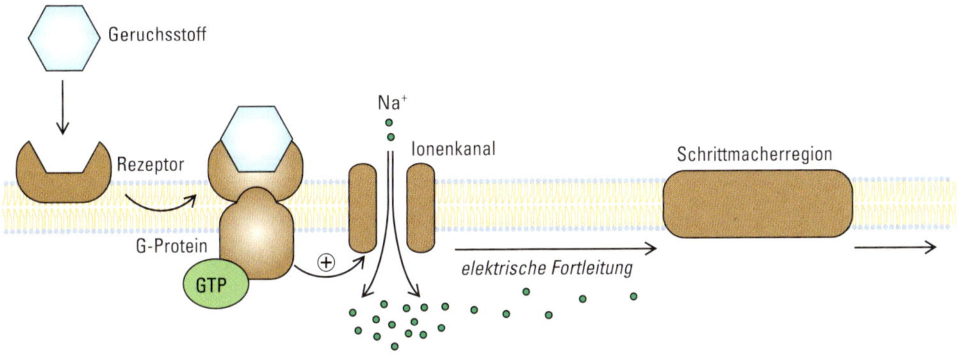

Abb. 29: Sinneszelle

medi-learn.de/6-physio5-29

Das Rezeptorpotenzial breitet sich entlang der Nervenzellmembran **elektrotonisch** aus. Dabei nimmt die Stärke der Depolarisation mit zunehmender Ausbreitung des Potenzials ab. Es kann sich deshalb nicht elektrotonisch über das ganze Axon auf dem langen Weg bis zum Zentralnervensystem ausbreiten, da es über diese lange Distanz viel zu schwach geworden wäre. Daher haben rezeptive Strukturen an ihrer Membran eine **Schrittmacherregion**. Sie liegt z. B. bei Pacinikörperchen im Bereich des ersten Ranvier-Schnürrings, also bereits im bemarkten Teil der Nervenfaser. Erst von diesem Bereich aus werden mit einer gewissen Ruhefrequenz kontinuierlich Aktionspotenziale erzeugt, die sich nach dem „Alles-oder-nichts-Prinzip" ausbreiten. Breitet sich nun ein Rezeptorpotenzial bis zur Schrittmacherregion hin aus, wird dort über einen noch nicht genau bekannten Mechanismus die Frequenz verändert, mit der die Aktionspotenziale erzeugt werden. Je stärker depolarisiert ist, je ausgeprägter also das Rezeptorpotenzial ist, desto höher wird die Aktionspotenzialfrequenz. Diese Umcodierung des Rezeptorpotenzials in eine Aktionspotenzialfrequenz nennt man **Transformation**. Die Transformation ermöglicht eine Leitung des Sinnesreizes über eine große Distanz. Aktionspotenziale breiten sich zuverlässig aus, allerdings kann ihre Amplitude nicht moduliert werden (außer bei relativer Refraktärität, s. Skript Physiologie 3). Deshalb wird die Reizstärke nach Transduktion und Transformation als Frequenz der Aktionspotenziale fortgeleitet.

Merke!

Rezeptorpotenziale (Sensorpotenziale = Generatorpotenziale)
- haben eine von der Reizstärke abhängige Amplitude,
- breiten sich elektrotonisch aus,
- können sich summieren und
- werden in einer Schrittmacherregion eines Rezeptors in Aktionspotenziale transformiert.

4.1.3 Proportional- und Differentialrezeptoren

Wie du eben gelesen hast, wird die Reizstärke durch Rezeptoren in eine Aktionspotenzialfrequenz umcodiert. Dabei können die Rezeptoren – je nach Aufbau – ein proportionales, ein differentiales oder auch ein gemischtes proportional-differentiales Antwortverhalten zeigen.

Proportionalrezeptoren

Von einem Proportionalrezeptor spricht man, wenn sich die Aktionspotenzialfrequenz proportional zur Reizintensität ändert.

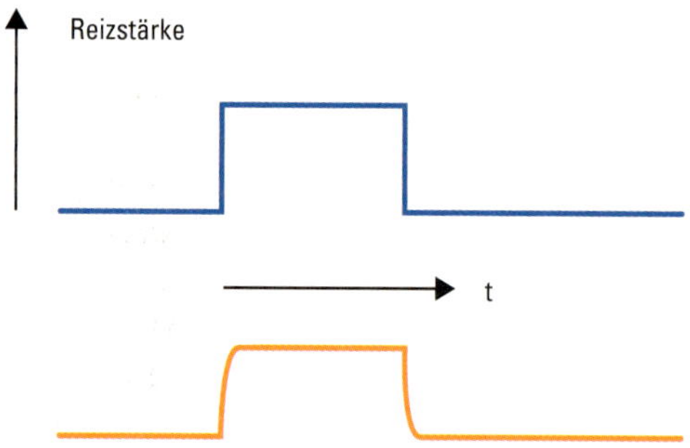

Abb. 30: Antwortverhalten eines Proportionalrezeptors *medi-learn.de/6-physio5-30*

Der obere Teil der Abbildung zeigt einen Reiz, der auf einen Rezeptor einwirkt, z. B. einen Druckrezeptor der Haut. Zunächst wird kein Reiz ausgeübt, dann wird auf die Haut gedrückt und schließlich wieder losgelassen.
Der untere Strich zeigt die Aktionspotenzialfrequenz des Nervens: Zunächst wird die relativ langsame Ruhefrequenz erzeugt. Wird gereizt, erhöht sich die Frequenz. Während der Reiz ausgeübt wird, bleibt die Frequenz erhöht, um dann am Ende, wenn der Reiz aufhört, auf den Ruhewert zu sinken.

Man bezeichnet dieses proportionale Antwortverhalten auch als statisch oder tonisch. Die Rezeptoren messen, solange der Reiz vorhanden ist und adaptieren NICHT an den Reiz.

Differentialrezeptoren:

Reine Differentialrezeptoren messen nur eine Reizänderung.
Abb. 31, S. 71 zeigt das Antwortverhalten eines Differential- (D-) Rezeptors:

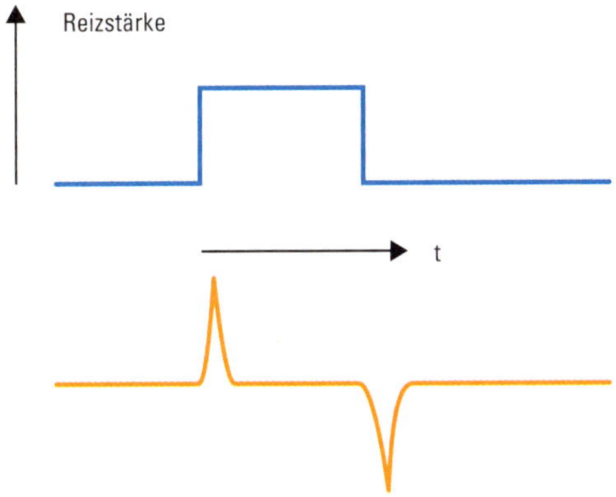

Abb. 31: Antwortverhalten eines Differenzialrezeptors

medi-learn.de/6-physio5-31

An der Nervenfaser werden zunächst Aktionspotenziale mit der Ruhefrequenz erzeugt, bis der Reiz kommt: In diesem Moment steigt die Aktionspotenzialfrequenz steil an. Obwohl der Reiz anhält, fällt sie unmittelbar wieder auf ihren Ruhewert zurück. Wenn dann der Reiz aufhört, ändert sich die Aktionspotenzialfrequenz erneut: Sie fällt unter ihren Ruhewert, um dann rasch wieder auf die Ausgangsfrequenz zurückzukehren.

Das Antwortverhalten von Differentialrezeptoren nennt man auch dynamisch oder phasisch. Sie gewöhnen sich (adaptieren) also schnell an einen Reiz, der zwar vorhanden ist, sich aber nicht mehr ändert.

Proportional-Differential-Rezeptoren

Die meisten Rezeptoren im Körper sind eine Mischung aus Proportional- und Differentialrezeptor. Sie reagieren wie ein reiner Differentialrezeptor sehr stark bei einer Reizänderung, zeigen aber auch bei anhaltendem Reiz wie ein Proportionalrezeptor eine erhöhte Aktionspotenzialfrequenz.
Abb. 32, S. 71 zeigt das Antwortverhalten eines Proportional-Differential- (PD-) Rezeptors:

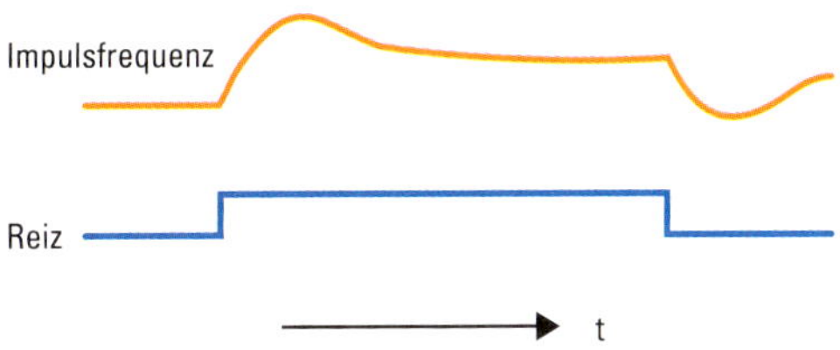

Abb. 32: Antwortverhalten eines Proportional-Differenzial-Rezeptors

medi-learn.de/6-physio5-32

Man erkennt, wie die Aktionspotenzialfrequenz bei Reizbeginn ansteigt und während des Reizes zwar sinkt, aber nicht ihren Ruhewert erreicht. Am Ende der Reizung sinkt die Aktionspotenzialfrequenz dann kurzfristig unter den Ruhewert.

4

Merke!

- Proportionalrezeptoren reagieren proportional zur Reizstärke.
- Differentialrezeptoren reagieren auf Reizänderungen.
- PD-Rezeptoren registrieren sowohl Änderungen als auch die Reizstärke.

4.2 Tastsinn

Zum Tasten haben wir in der Haut eine ganze Reihe unterschiedlicher Strukturen, die so unterschiedliche Empfindungen wie Druck, Berührung und Vibration registrieren können. Für die schriftlichen Physiologie-Fragen musst du vor allem wissen, welche Strukturen jeweils P-, D- bzw. PD-Verhalten zeigen.

4.2.1 Merkelscheiben

Merkelscheiben dienen hauptsächlich der Wahrnehmung von Druckreizen. Sie zeigen überwiegend **Proportionalverhalten**, adaptieren also nur sehr langsam. Deshalb zählt man diese Rezeptoren zu den „slowly-adapting“ (SA-) Rezeptoren.
Die Nervenfasern, die den Merkelscheiben zugeordnet sind, sind in Ruhe inaktiv. Daher ist ihre Ruheaktionspotenzialfrequenz null. Ein in

Ruhe inaktiver SA-Rezeptor wird als SA-I-Rezeptor bezeichnet.

4.2.2 Ruffini-Körperchen

Ruffini-Körperchen sind ebenfalls druckempfindlich. Im Gegensatz zu den Merkelscheiben reagieren sie aber auch auf Dehnung. Auch sie zeigen hauptsächlich **Proportionalverhalten** und adaptieren daher nur langsam.
Die Nervenfasern, die den Ruffini-Körperchen zugeordnet sind, haben eine gewisse Ruheaktionspotenzialfrequenz. Deshalb werden Ruffini-Körperchen zu den SA-II-Rezeptoren gezählt.

4.2.3 Meissner-Körperchen und Haarfollikel

Meissner-Körperchen ermöglichen die Wahrnehmung feiner Berührungen. Sie verhalten sich hauptsächlich **differentiell**, adaptieren also schnell. Deshalb zählt man sie zu den „rapid-adapting Rezeptoren".
Während man also wegen des Proportionalverhaltens der Merkelscheiben groben Druck auf der Haut ständig spürt, bemerkt man eine Berührung nur zu Beginn. Man spürt z. B., wenn man sich ein Hemd anzieht, hat man das Hemd dann eine Weile an, registriert man es nicht mehr. Merkelscheiben messen proportional zur Reizintensität, Meissner-Körperchen hingegen reagieren, wenn sich die Reizintensität ändert. Sie messen daher NICHT die Reizstärke, sondern die **Geschwindigkeit**, mit der ein Reiz zu- oder abnimmt.
Abb. 33, S. 72 zeigt auf der oberen Linie das typische differentielle Verhalten der Aktionspotenziale, die von einem Meissner-Körperchen ausgehen:
Die rasch adaptierenden Meissner-Körperchen werden zusammen mit den langsam adaptierenden Merkel(tast)scheiben für differenzierte Tastempfindungen benötigt. Die Brailleschrift (Blindenschrift) z. B. wird mit den Fingerspitzen mithilfe dieser Rezeptoren gelesen. Meissner-Körperchen und Merkelscheiben sind übrigens auch die zahlenmäßig am häufigsten vorkommende Sinneszellen der Tastempfindung in der Haut.

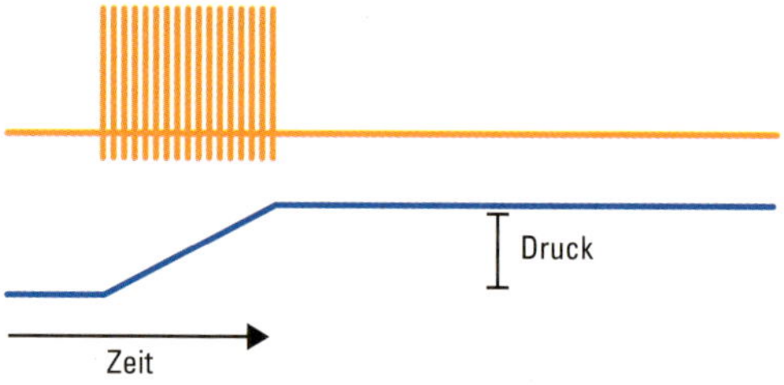

Abb. 33: Reizantwort eines Meissner-Körperchens

medi-learn.de/6-physio5-33

Ganz ähnlich wie die Meissner-Körperchen reagieren die Haarfollikelrezeptoren: Auch sie adaptieren rasch. Man merkt daher zwar z. B. beim Kämmen, wenn ein Haar umgelegt wird, aber seine Frisur spürt man nicht.

4.2.4 Pacini-Körperchen

Pacini-Körperchen sind Vibrationsdetektoren. Die Nervenendigung ist bei diesen Rezeptoren **zwiebelschalenartig** von Hornlamellen umgeben. Diese Hornlamellen sind dafür verantwortlich, dass nur Vibration, nicht aber Druck oder Berührung den Nerv reizen kann.

Während Meissner-Körperchen die Geschwindigkeit messen, mit der ein Reiz zu- oder abnimmt, reagieren die Pacini-Körperchen, wenn die Geschwindigkeit der Reizänderung zu- oder abnimmt.
Abb. 34, S. 73 zeigt das Verhalten bei Reizung eines Pacini-Körperchens: Es misst nicht die ganze Zeit, in der der Reiz zunimmt, sondern nur den Anfang und das Ende der Reizzunahme. Folglich registriert es also nicht die Geschwindigkeit, mit der der Reiz zunimmt, sondern nur die Änderung dieser Geschwindigkeit. Die Geschwindigkeit der Reizstärkenänderung nennt man auch Beschleunigung. Es genügt aber, wenn du weißt, dass Pacini-Körperchen die Geschwindigkeit der Reizänderung messen, Vibrationsrezeptoren sind und D-Verhalten zeigen. Zudem reagieren sie bei einem

Frequenzbereich um 200–300 Hz am empfindlichsten, d. h. die Schwellenreizstärke zur Erregung des Sensors ist hier am geringsten.

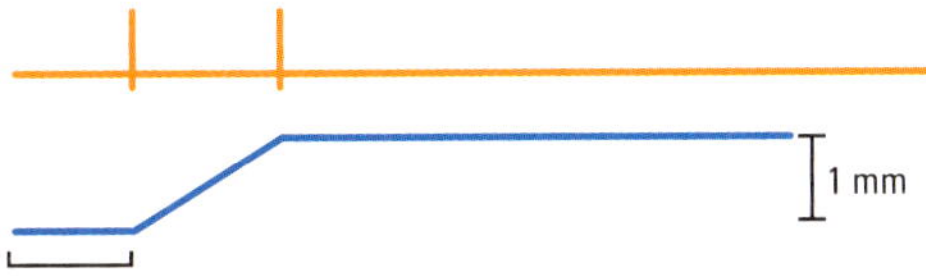

Abb. 34: Reizantwort eines Pacini-Körperchens

medi-learn.de/6-physio5-34

Merke!

Merkel-Rezeptoren (SA-I-Rezeptoren)
- sind Intensitätsrezeptoren und
- zeigen überwiegend P-Verhalten.

Ruffini-Rezeptoren (SA-II-Rezeptoren)
- sind Intensitätsrezeptoren und
- zeigen überwiegend P-Verhalten.

Meissner-Rezeptoren (RA-Rezeptoren)
- sind Geschwindigkeitsrezeptoren und
- zeigen überwiegend D-Verhalten.

4.2.5 Weiterleitung des Tastsinns

In diesem Kapitel gibt es viele Überschneidungen mit der Neuroanatomie – du kannst mit diesem Thema also am ersten und am zweiten Tag der Prüfung punkten.

Die Tastempfindungen werden im Rückenmark über zwei verschiedene Bahnsyssteme weitergeleitet:
- Die Nervenfasern für das grobe Druckempfinden, das zusammen mit der Schmerz- und Temperaturempfindung zur protopathischen Sensibilität gerechnet wird, treten über die Hinterhörner in das Rückenmark ein, werden auf Segmentebene umgeschaltet, kreuzen auf die Gegenseite und ziehen schließlich als zweites Neuron im **Tractus spinothalamicus** anterior in das Gehirn.
- Die Fasern für feine Berührung – die epikritische Sensibilität – treten auch über die Hinterhörner ein, werden aber nicht gleich umgeschaltet, sondern laufen zunächst auf derselben Seite über die **Hinterstränge** (Fasciculus cuneatus und Fasciculus gracilis) noch als erstes Neuron nach zentral. Umgeschaltet werden sie dann erst in der Medulla oblongata im Nucleus cuneatus bzw. gracilis. Von dort aus zieht dann das zweite Neuron der epikritischen Sensibilität im Lemniscus medialis auf die Gegenseite und erreicht schließlich den Thalamus. Im Thalamus projizieren diese Neurone vor allem auf Nervenzellen im ventrobasalen Komplex, also auf den Nucleus ventralis posterolateralis und den Nucleus ventralis posteromedialis.

Übrigens ...

- Der für Tastempfindungen zuständige Thalamusbereich ist somatotop organisiert, d. h. jedem Abschnitt des Körpers ist auch ein bestimmter Abschnitt des Thalamus zugeordnet.
- Entgegen mancher Antwortmöglichkeit im Schriftlichen ist dieser Thalamusbereich aber NICHT multimodal erregbar, d. h. andere Sinnesreize außer denen der Sensibilität, z. B. Hören oder Sehen erregen diesen Thalamusabschnitt NICHT.

Vom Thalamus aus zieht dann das dritte Neuron zum Kortex. Die Bahnen für die somatosensorischen Signale projizieren hauptsächlich auf den Gyrus postcentralis. Man kann in dieser Region evozierte Potenziale ableiten: Wenn man z. B. den N. ulnaris im Bereich des Handgelenks mit Rechteckimpulsen überschwellig reizt, lassen sich elektroenzephalographisch über der Region des Gyrus postcentralis entsprechende Potenziale registrieren. Auch am somatosensorischen Kortex sind die Körperregionen in Form eines sensorischen Homunculus repräsentiert. Die Form dieses Homunculus ist dabei durchaus veränderlich. Verliert

z. B. ein Motorradfahrer bei einem Unfall einen Arm, reorganisiert sich das somatosensorische Projektionsfeld im Kortex und es kommt zu einer Änderung des Homunculus.

Merke!

- Somatosensorische Neurone projizieren auf den ventrobasalen Komplex des Thalamus.
- Der ventrobasale Komplex des Thalamus ist NICHT multimodal erregbar.
- Der ventrobasale Komplex des Thalamus ist somatotopisch organisiert.
- Vom Thalamus aus projizieren die somatosensorischen Neurone auf den Gyrus postcentralis.
- Eine überschwellige Reizung des N. ulnaris kann Potenziale im Gyrus postcentralis evozieren.

4

4.3 Temperatursinn

Temperatur wird in verschiedenen Regionen des Körpers gemessen. Ein wichtiger Temperaturfühler liegt z. B. im Bereich des Hypothalamus. In diesem Kapitel geht es jedoch um die Temperaturrezeptoren der Haut, von denen es mehrere unterschiedliche Typen gibt – die natürlich gerne im schriftlichen Examen gefragt werden...

4.3.1 Wärme- und Kälterezeptoren

Für das Temperaturempfinden haben wir in unserer Haut freie Nervenendigungen, an deren Ende in der Membran temperaturempfindliche Ionenkanäle liegen. Dabei gibt es zwei verschiedene Arten von Temperaturrezeptoren:

- freie Nervenendigungen, bei denen Abkühlung ein Rezeptorpotenzial auslöst (Kälterezeptoren) und
- freie Nervenendigungen, die bei Erwärmung gereizt werden (Wärmerezeptoren).

Insgesamt verfügen wir über mehr Kalt- als Wärmerezeptoren. Daher ist auch die Anzahl der Kaltpunkte, also der Stellen, an denen sich kältesensible freie Nervenendigungen befinden, größer als die Anzahl der Warmpunkte. An den Lippen sind die Kalt- und Warmpunkte am dichtesten angeordnet.
Wärme- und Kälterezeptoren sind **PD-Rezeptoren**: Sie reagieren besonders intensiv auf Temperaturänderungen, messen aber bei Kälte oder Wärme innerhalb ihres Messbereichs auch proportional zur aktuellen Temperatur.

Übrigens ...
- Besonders viele thermosensible freie Nervenendigungen haben wir im Gesicht, sodass die Haut in diesem Bereich besonders temperaturempfindlich ist.
- Getestet wird das Kälte- und Wärmeempfinden mit Sonden, die auf die gewünschte Testtemperatur gebracht werden und dann mit der Haut in Berührung gebracht werden.

Unter dem Begriff **thermische Indifferenzzone** versteht man die Temperatur, die man weder als warm noch als kalt empfindet. Sie liegt im Bereich von etwa 31–34 °C. In diesem Temperaturbereich sind die Thermorezeptoren – wenn sie an die Temperatur adaptiert sind – inaktiv: Es werden keine **Aktionspotenziale** erzeugt.
Auch im Indifferenzbereich werden jedoch Aktionspotenziale erzeugt, wenn sich die Temperatur rasch ändert. In diesem Fall reagieren die Rezeptoren, da sie ja ein Differentialverhalten, d. h. eine starke Reaktion auf Änderungen, zeigen.
Eine sehr langsame Änderung, die eine Adaptation der Rezeptoren ermöglicht, führt innerhalb der thermischen Indifferenzzone hingegen zu **keiner Veränderung** der Temperaturempfindung.
Kühlt man die Haut mit einer Reizsonde auf Temperaturen unterhalb der thermischen Indifferenzzone ab, reagieren die Kälterezeptoren nicht nur auf die plötzliche Änderung der Temperatur, sondern nach Adaptation auch

statisch auf die Kälte selbst. Kälterezeptoren haben ihre größte statische Entladungsfrequenz bei ca. 20–30 °C.

Übrigens ...
- Die angegebenen Werte beziehen sich auf Experimente mit einer metallischen Reizsonde, die die Temperaturen gut leitet und die Hauttemperatur auf den angegebenen Bereich bringt. Hat z. B. nur die umgebende Luft 10 °C, so kühlt sich die Haut nicht automatisch sofort auf 10 °C ab.
- Werden Kälterezeptoren gereizt, versucht der Körper, Kälteverluste über die Haut zu vermeiden. Dazu wird die Durchblutung der arteriovenösen Anastomosen im Bereich der Akren **gedrosselt** – die Haut wird blass.

Auch Wärmerezeptoren reagieren bei Überschreiten der thermischen Indifferenzzone, und auch sie erzeugen noch nach Anpassung bei Temperaturen oberhalb des Indifferenzbereichs Aktionspotenziale, sodass die Empfindung „warm" hervorgerufen wird. Die größte statische Entladungsfrequenz haben Wärmerezeptoren bei Reizung mit Temperaturen zwischen 35–43 °C. Abb. 35, S. 76 zeigt noch einmal den Zusammenhang zwischen thermischer Indifferenzzone und Entladungsverhalten der Kälte- und Wärmerezeptoren.

Merke!
- Es gibt sowohl für das Kälte- als auch für das Wärmeempfinden Rezeptoren.
- In der Handfläche ist die Anzahl der Kaltpunkte größer als die der Warmpunkte.
- Innerhalb der thermischen Indifferenzzone führt eine sehr langsame Änderung der Hauttemperatur zu keiner Veränderung der Temperaturempfindung.
- Kälterezeptoren haben ihre größte statische Entladungsfrequenz bei 20–30 °C, Wärmerezeptoren bei 35–43 °C.
- Eine großflächige Erregung der Kälterezeptoren der Haut führt zu verminderter Durchblutung der arteriovenösen Anastomosen der Haut im Bereich der Akren.
- Der Energieumsatz steigt z. B. bei Fieber oder zu kalter/heißer Umgebung (also außerhalb der thermischen Indifferenzzone): Kälte führt zu Muskelzittern und Wärme zu einer gesteigerten Hautdurchblutung, was wiederum zusätzliche Energie benötigt.

Übrigens ...
Kälterezeptoren können sich wie hitzeaktivierte Nozizeptoren verhalten und ab einem Temperaturbereich von größer als 43 °C kurz öffnen. Deshalb empfinden wir heißes Badewasser beim Einsteigen in eine Badewanne für einen kurzen Moment als kalt. Dieses Verhalten bezeichnet man als paradoxe Kaltempfindung. Ab einem Temperaturbereich von größer als 43 °C oder kleiner als 10 °C werden übrigens auch Schmerzrezeptoren gereizt.

4.3.2 Weiterleitung des Temperatursinns

Ähnlich wie die Schmerzfasern (s. 4.5.1, S. 76) treten auch die für den Temperatursinn zuständigen Neurone über die Hinterhörner in das Rückenmark, werden dort einmal umgeschaltet und kreuzen dann noch auf Segmentebene auf die Gegenseite. Dort laufen sie gemeinsam mit den Bahnen für die Schmerzleitung im Tractus spinothalamicus lateralis zum Gehirn.

4.4 Tiefensensibilität

Zu diesem Thema ist es wichtig zu wissen, dass die Muskelspindeln wesentlich an der Wahrnehmung der Stellung und Bewegung von Gelenken beteiligt sind. Wenn du dann noch weißt, dass die Informationen über die Hinterstränge nach oben geleitet werden, hast du die meisten Punkte zu diesem Thema schon beisammen.

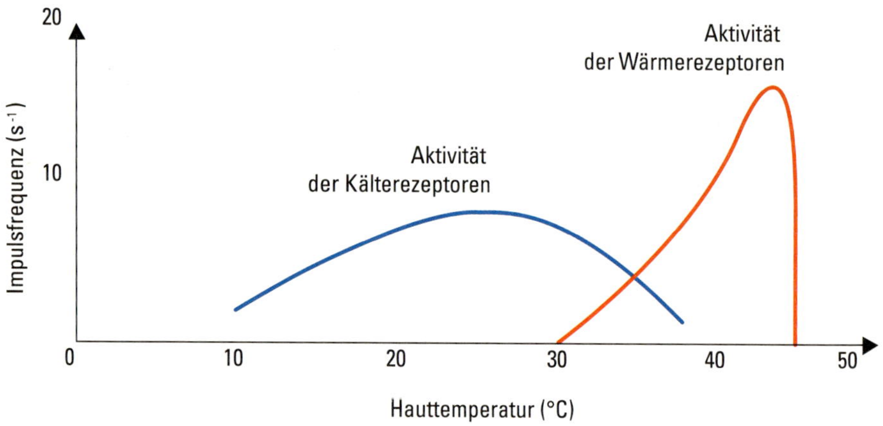

Abb. 35: Temperatursinn

medi-learn.de/6-physio5-35

4.4.1 Bedeutung der Muskelspindeln

Tiefensensibilität nennt man auch Propriozeption. Sie informiert über Stellung, Bewegung und Kraft von Muskeln und Gelenken.
Wesentlich an der Bewegungswahrnehmung beteiligt sind hingegen die Muskelspindelafferenzen. Die Wahrnehmungsschwelle für Winkeländerungen ist dabei an den proximalen Gelenken, z. B. an der Schulter, niedriger als an den distalen Gelenken wie z. B. den Fingern. Winkeländerungen können daher proximal besser erfasst werden als distal.
Früher wurde den Gelenkrezeptoren eine bedeutsame Rolle für die Propriozeption beigemessen. Da man im Rahmen orthopädischer Operationen gelegentlich die Gelenkkapsel und damit die Gelenkrezeptoren entfernen muss, dabei aber die Tiefensensibilität in der betroffenen Extremität erhalten bleibt, geht man heute von einer weniger großen Bedeutung dieser Rezeptoren aus.

4.4.2 Weiterleitung der Tiefensensibilität

Ähnlich wie die feinen Berührungsempfindungen – die epikritische Sensibilität (s. 4.2.5, S. 73) – wird auch die Tiefensensibilität mit den **Hintersträngen** (Fasciculus cuneatus und Fasciculus gracilis) an das Gehirn weitergeleitet.

Merke!

- Propriozeption informiert über die Richtung und Geschwindigkeit von Winkeländerungen der Gelenke.
- Die Wahrnehmungsschwelle für Winkeländerungen ist an proximalen Gelenken (z. B. Schulter) niedriger als an distalen (z. B. Finger).
- Muskelspindelafferenzen sind wesentlich an der Bewegungswahrnehmung beteiligt.
- Die Propriozeption wird über den Fasciculus cuneatus et gracilis an das ZNS geleitet.

4.5 Schmerzempfindung

Im Schriftlichen wird häufig das Thema Schmerzempfindung gefragt – es lohnt sich schon deshalb, sich damit zu beschäftigen. Das Gute ist, dass du dieses Wissen später auch für die Pharmakologie brauchen kannst.

4.5.1 Nozizeptoren

Schmerzempfindung nennt man auch Nozizeption. Die schmerzerfassenden Rezeptoren werden dementsprechend Nozizeptoren genannt. Es handelt sich dabei um **freie Nervenendigungen**, deren Zellkörper in den Spinalganglien liegen.
Schmerzen können z. B. durch chemische, mechanische oder auch durch Temperaturreize

ausgelöst werden. Da Nozizeptoren Schmerzreize bei verschiedenen Sinnesmodalitäten wahrnehmen können, sind sie **polymodal**.
Die Empfindlichkeit einer freien Nervenendigung auf Schmerzreize kann durch mehrere Substanzen gesteigert werden. Beispiele für solche Nozizeptoren sensibilisierende Substanzen sind die im Rahmen von Entzündungsreaktionen freigesetzten Stoffe

- Bradykinin,
- Histamin und
- Prostaglandin E.

Ein weiterer Schmerz auslösender Mechanismus ist die Aktivierung eines Nozizeptors durch Capsaicin, den Stoff, der in Chilis enthalten ist. Capsaicin bindet an einen spezifischen Rezeptor, den TRPV1 (Vanilloidrezeptor Typ 1 Calcium-Ionenkanal), der unter anderem auch durch Hitze stimuliert wird. Dies ist ein Grund dafür, warum uns beim Essen scharfer Speisen so schnell warm wird.

Übrigens ...
Zur Bildung von Prostaglandinen ist das Enzym Cyclooxygenase erforderlich. Dieses Enzym wird z. B. durch Acetylsalicylsäure (ASS, Wirkstoff von Aspirin) gehemmt. Nach Gabe von Aspirin werden daher weniger Prostaglandine gebildet, die Schmerzrezeptoren sensibilisieren könnten, weshalb dieses Medikament schmerzlindernd wirkt.

Die freien Nervenendigungen, die Schmerzreize wahrnehmen können, werden nicht nur durch unterschiedliche Stoffe gereizt; sie können auch selbst Mediatorsubstanzen freisetzen. Dazu gehören die **Substanz P** („P" wie „pain") und das „**Calcitonine Gene Related Peptide**". Diese Substanzen erzeugen eine lokale Entzündung in der Umgebung der Nozizeptoren und rufen dort eine Vasodilatation hervor. Dadurch können z. B. bisher stumme Nozizeptoren rekrutiert und aktiviert werden.

Merke!

Nozizeptoren setzen bei ihrer Aktivierung
- Substanz P und
- Calcitonine Gene Related Peptide frei.

Nozizeptoren können durch
- Bradykinin,
- Histamin und
- Prostaglandin E sensibilisiert werden.

4.5.2 Schmerzweiterleitung

Das Schmerzsignal wird von den freien Nervenendigungen der Haut durch zwei verschiedene Fasertypen zum Rückenmark weitergeleitet:

- durch marklose Gruppe C-Fasern und
- durch deutlich schneller leitende markhaltige Aδ-Fasern.

Insgesamt gibt es für die Schmerzleitung wesentlich mehr C- als Aδ-Fasern.
Die Aδ-Fasern leiten eine andere Schmerzqualität weiter als die C-Fasern: Bei einer Verletzung der Haut spürt man zunächst einen kurzen, hellen Schmerz, der relativ schnell wieder abklingt. Dieser erste Schmerz wird von den Aδ-Fasern geleitet. Nach kurzer Zeit empfindet man einen dumpferen Schmerz, der wesentlich länger anhält. Für die Weiterleitung dieses zweiten Schmerzes sind die marklosen C-Fasern zuständig. Bei beiden gilt: Die Weiterleitung entlang der Nervenfaser erfolgt über spannungsabhängige Na^+-Kanäle, die z. B. selektiv durch Lokalanästhetika blockiert werden können.
Die Schmerzfasern treten über die Hinterhörner ins Rückenmark ein und werden dort auf ein zweites Neuron umgeschaltet (glutamaterg). Von dort aus kreuzt die Bahn gemeinsam mit den Fasern, die das Temperaturempfinden leiten (s. 4.3.2, S. 75), auf die Gegenseite und zieht als Tractus spinothalamicus lateralis (Vorderseitenstrang) zum Thalamus. Die Schmerzbahn kreuzt also bereits im Rückenmark auf Segmentebene! Die Schmerzfasern des

Tractus spinothalamicus lateralis gelangen in unterschiedliche Thalamusbereiche:
- den ventrolateralen Komplex,
- den intralaminären Komplex und
- den posterioren Komplex.

Vom Thalamus aus projiziert dann das dritte Neuron der Schmerzbahn in verschiedene Hirnregionen:
- die sensorischen Kortexareale,
- den präfrontalen Kortex und
- das limbische System, das eine wichtige Rolle für die emotionale (affektive) Dimension des Schmerzerlebens spielt.
- den anterioren cingulären Kortex (Teil des präfrontalen Kortex, der wiederum u. a. mit dem limbischen System assoziiert ist).

Übrigens ...
Die Umschaltung der Schmerzbahn im Thalamus hat eine wichtige klinische Bedeutung: Durchblutungsstörungen im Bereich des Thalamus, z. B. durch einen apoplektischen Insult (Schlaganfall), können starke Schmerzen auslösen, die im Bereich der kontralateralen Körperhälfte empfunden werden.

Als Transmitter wird für die Umschaltung im Hinterhorn des Rückenmarks **Glutamat** verwendet. Es gibt darüber hinaus noch Co-Transmitter, nämlich die Substanz P und das **Calcitonine Gene Related Peptide**, die du ja eben schon kennen gelernt hast. Außerdem kann sich ein sogenanntes Schmerzgedächtnis ausbilden. Eine zentrale Sensibilisierung kann z. B. zu einer gesteigerten Expression von NMDA-Rezeptorkanälen führen. Glutamat kann an diesen Ionenkanal-Rezeptoren binden und sie öffnen. Calcium strömt ein und es kommt zu einer Depolarisation der Nervenzelle.

Übrigens ...
β-Endorphin ist ein Transmitter, der an Rezeptoren bindet, an die auch Opiate wie z. B. Morphium oder die Droge Heroin binden. Dies erklärt die schmerz-

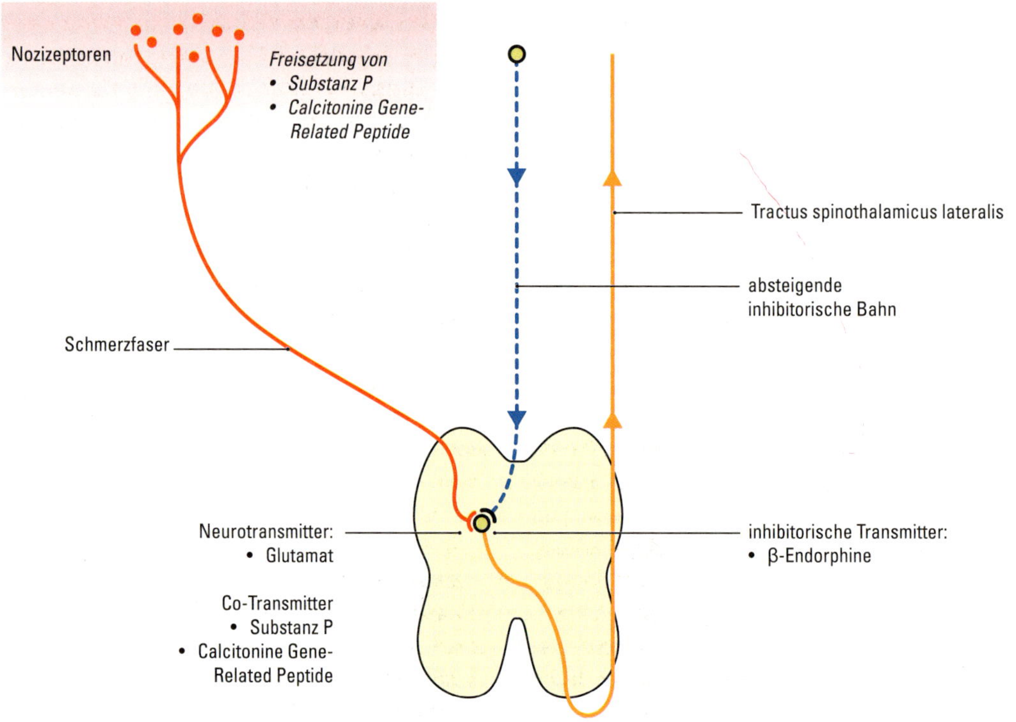

Abb. 36: Schmerzleitung Rückenmark

medi-learn.de/6-physio5-36

stillende Wirkung des Morphiums: Seine Bindung an den Opiatrezeptor hemmt die Schmerzweiterleitung bereits auf Rückenmarksebene (durch Aktivierung inhibitorischer G-Proteine).

Merke!

- Glutamat ist ein wichtiger Transmitter der nozizeptiven Terminale im Rückenmark.
- Substanz P ist ein Co-Transmitter der synaptischen Übertragung im Hinterhorn des Rückenmarks.
- Schmerz wird im Tractus spinothalamicus lateralis an das ZNS geleitet.
- β-Endorphin ist Transmitter deszendierender schmerzhemmender Neurone, die die Weiterleitung nozizeptiver Signale vom Rückenmark in höhere Hirnregionen hemmen.
- β-Endorphin bindet an Opiatrezeptoren.
- Endorphine sind Peptide und werden im Gehirn gebildet.
- Limbische Kortexareale sind an der Schmerzwahrnehmung beteiligt.

4.5.3 Übertragener und projizierter Schmerz

Der Unterschied zwischen übertragenem und projiziertem Schmerz ist schon seit drei Jahrzehnten ein Dauerbrenner im schriftlichen Examen – und es werden auch heute noch Fragen dazu gestellt.

Projizierter Schmerz

Wenn man sich versehentlich mit dem Ellbogen stößt und dabei der N. ulnaris z. B. auf eine Tischkante schlägt, empfindet man häufig nicht nur im Bereich des Sulcus ulnaris Schmerzen, sondern auch im Innervationsgebiet des N. ulnaris, also z. B. im kleinen Finger. Der Reiz entsteht zwar am Ellbogen, wird aber auf den Kleinfinger projiziert. Deshalb nennt man diese Art von Schmerz auch projizierten Schmerz.

Übrigens ...
Eine ganz ähnliche Situation liegt beim Bandscheibenvorfall vor: Auch hier kann ein Reiz, der eigentlich durch Druck der vorgefallenen Bandscheibe auf den Nerven entsteht, auf das Innervationsgebiet des betreffenden Nerven projiziert werden.

Übertragener Schmerz

Der übertragene Schmerz darf nicht mit dem projizierten Schmerz verwechselt werden. Das Phänomen des übertragenen Schmerzes findet man z. B. bei Herzinfarktpatienten: Ein Herzinfarkt schmerzt oft nicht nur in der Herzgegend, sondern häufig auch im Bereich der linken Schulter und des linken Oberarms. Dieser Schmerz wird darauf zurückgeführt, dass einige Schmerzbahnen aus dem Bereich des Herzens im Rückenmark gemeinsam mit den Schmerzbahnen der Schulter zum Gehirn laufen.
Der übertragene Schmerz beruht also auf einer **Konvergenz viszeraler und kutaner Afferenzen auf spinaler Ebene**.
Auch bei Erkrankungen anderer Organe kann es zu einer Hyperalgesie, also zu einer erhöhten Schmerzempfindlichkeit bestimmter Hautabschnitte kommen. Man bezeichnet die Hautregionen, deren Schmerzbahnen mit den Schmerzbahnen eines bestimmten Organs zusammenlaufen, als **Head-Zonen**.

Merke!

Beispiele für projizierten Schmerz sind:
- Schmerzprojektion auf den Kleinfinger bei Reizung des N. ulnaris
- Schmerzprojektion auf den lateralen Fußrand bei einem Bandscheibenvorfall

Übertragener Schmerz
- beruht auf einer Konvergenz von nozizeptiven Afferenzen aus tieferen und oberflächlicheren Körperbereichen im Rückenmark und
- wird von einer Hyperalgesie im betroffenen Hautabschnitt begleitet.

4.6 Brown-Séquard-Syndrom: Halbseitige Rückenmarksdurchtrennung

Das Brown-Séquard-Syndrom ist zwar in reiner Ausprägung klinisch recht selten, eignet sich aber gut dazu, das Wissen über den Verlauf der wichtigsten Rückenmarksbahnen zu prüfen. Deshalb spielen viele Fragen im schriftlichen Examen auf dieses Syndrom an.

Auf Abb. 37, S. 80 ist das Rückenmark in der Vorderansicht schematisch dargestellt. Ein Brown-Séquard-Syndrom liegt vor, wenn das Rückenmark gerade halbseitig durchtrennt ist. Eine Ursache könnte z. B. eine Stichverletzung sein, die das Rückenmark nur einseitig durchtrennt hat.

Auf der verletzten Seite gestört sind:
- die Pyramidenbahn für die Motorik und
- die Hinterstrangbahnen für die Weiterleitung der feinen Berührungsempfindung (epikritische Sensibilität) und der Tiefensensibilität.

Folge: ipsilateraler Ausfall von Motorik und Tiefensensibilität. Da der Tractus spinothalamicus lateralis bereits auf Segmentebene kreuzt, fällt die Schmerz- und Temperaturempfindung kontralateral aus. Dieses Phänomen nennt man „dissoziierte Empfindungsstörung".

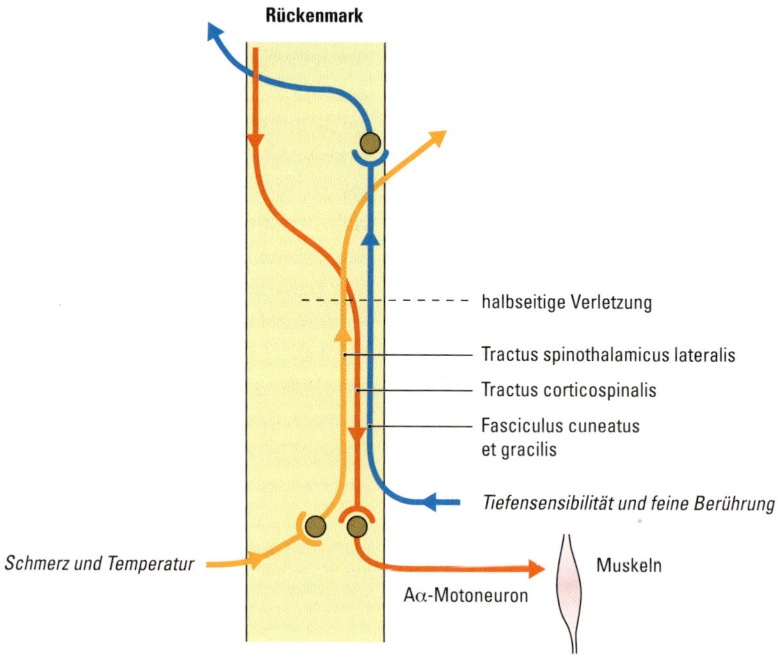

Abb. 37: Brown-Séquard-Syndrom

medi-learn.de/6-physio5-37

	Synonym	Qualität	Kreuzungsstelle
Tractus spinothalamicus lateralis	Vorderseitenstrang	Schmerz und Temperatur	kreuzt auf Segmentebene
Fasciculus cuneatus et gracilis	Hinterstränge	Berührung und Propriozeption	kreuzt im Lemniscus medialis
Tractus corticospinalis	Pyramidenbahn	Motorik	kreuzt unterhalb der Pons im Bereich der Pyramidenkreuzung

Tab. 8: Wichtige Bahnsysteme des Rückenmarks

DAS BRINGT PUNKTE

Zu **Rezeptorpotenzialen** (Sensorpotenzialen = Generatorpotenzialen) sollest du wissen, dass sie

- eine von der Reizstärke abhängige Amplitude haben und
- sich elektrotonisch ausbreiten.

Zu den **Merkel- und Ruffini-Rezeptoren** solltest du fürs Schriftliche wissen, dass

- sie Intensitätsrezeptoren sind und damit proportional zur Reizstärke reagieren (P-Verhalten).

Meissner-Rezeptoren sind hingegen

- Differentialrezeptoren und reagieren auf Reiz-ÄNDERUNGEN (D-Verhalten).

Sehr oft wird nach **Kalt- und Warmrezeptoren** gefragt. Hier kannst du punkten, wenn du weißt, dass

- die Anzahl der Kaltpunkte in der Handfläche größer ist als die der Warmpunkte
- Kälterezeptoren ihre größte statische Entladungsfrequenz bei 20–30 °C haben
- großflächige Erregung der Kälterezeptoren der Haut zu verminderter Durchblutung der arteriovenösen Anastomosen der Haut im Bereich der Akren führt.

Viele Fragen kommen schließlich zum Thema **Schmerzleitung**. Hier solltest du die Substanzen kennen, die bei Aktivierung von Nozizeptoren frei werden, nämlich

- Substanz P und Calcitonine Gene Related Peptide.

Dauerthemen im Schriftlichen sind **projizierter** und **übertragener Schmerz**.

- Projizierten Schmerz findet man z. B. bei Reizung des N. ulnaris oder bei Bandscheibenvorfällen.
- Übertragener Schmerz beruht auf einer Konvergenz von nozizeptiven Afferenzen aus tieferen und oberflächlicheren Körperbereichen im Rückenmark.

Schließlich kannst du viele Fragen lösen, wenn du weißt, wo die drei wichtigsten **Rückenmarksbahnen** kreuzen und was bei **halbseitiger Durchtrennung** ausfällt.

- Berührung (Funiculus gracilis et cuneatus): ipsilateral
- (Fein-) Motorik (Tractus corticospinalis): ipsilateral
- Schmerz- und Temperatur (Tractus spinothalamicus lateralis): kontralateral

FÜRS MÜNDLICHE

Überprüfe nun dein Wissen – alleine oder in deiner Lerngruppe – mit unseren Fragen zum Thema „Somatoviszerale Sensorik".

1. **Was sind Generatorpotenziale?**
2. **Welche Rezeptoren sind für die Tastempfindung zuständig?**
3. **Wie wird in der Haut die Temperatur gemessen?**
4. **Wie wird Schmerz weitergeleitet und wie wird die Schmerzempfindung moduliert?**
5. **Was ist das Brown-Séquard-Syndrom?**

FÜRS MÜNDLICHE

6. Wie wirkt Aspirin bei der Schmerzbekämpfung?

7. Was ist übertragener, was projizierter Schmerz?

1. Was sind Generatorpotenziale?
Generatorpotenziale entstehen an Sinneszellen durch den spezifischen Sinnesreiz. Der Sinnesreiz öffnet an der jeweiligen Nervenzelle Ionenkanäle. Je nach Rezeptortyp wird diese Öffnung direkt ausgelöst, über ein G-Protein vermittelt oder durch eine spezialisierte Sinneszelle vermittelt.
Die Amplitude des Generatorpotenzials ist von der Stärke des Sinnesreizes abhängig und folgt NICHT dem „Alles-oder-nichts-Prinzip". Das Potenzial wird elektrotonisch bis zu einer Schrittmacherregion fortgeleitet. Dort moduliert das Generatorpotenzial die Frequenz der Aktionspotenziale, die von der Schrittmacherregion erzeugt werden.

2. Welche Rezeptoren sind für die Tastempfindung zuständig?
Für die Tastempfindung haben wir Merkel-Tastscheiben, die als Proportionalrezeptoren Druckreize messen. Ebenfalls druckempfindlich und stärker auf Dehnungsreize ausgelegt sind die Ruffini-Körperchen. Meissner-Körperchen und Haarfollikel-Rezeptoren messen als D-Rezeptoren feine Berührungsreize. Schließlich gibt es noch die Pacini-Körperchen, die als Beschleunigungsrezeptoren ausgelegt sind und vor allem auf Vibrationen ansprechen.

3. Wie wird in der Haut die Temperatur gemessen?
In der Haut finden sich freie Nervenendigungen, die auf die Messung der Temperatur spezialisiert sind. Es gibt Kälte- und Wärmerezeptoren, wobei die Kälterezeptoren überwiegen. Im thermischen Indifferenzbereich erzeugen die Kälte- und Wärmerezeptoren keine Aktionspotenziale, es sei denn, die Temperatur ändert sich sehr rasch. Temperaturrezeptoren zeichnen sich durch ein typisches PD-Verhalten aus.

4. Wie wird Schmerz weitergeleitet und wie wird die Schmerzempfindung moduliert?
Die Nozizeptoren der Haut sind freie Nervenendigungen. Sie leiten ihr Signal in Richtung Rückenmark weiter. Bereits in der Haut können die Schmerzfasern durch Bradykinin, Histamin oder auch Prostaglandin E sensibilisiert werden.
Im Rückenmark werden die Schmerzfasern auf die Neurone des Tractus spinothalamicus lateralis umgeschaltet. Als Transmitter dient hier Glutamat. Absteigende Bahnen können an dieser Stelle die Übertragung mit Hilfe der β-Endorphine hemmen.
Der Tractus spinothalamicus lateralis kreuzt noch auf Rückenmarksebene und erreicht den Thalamus. Nach Umschaltung ziehen die Neurone der Schmerzbahn dann in den sensorischen Kortex, in den präfrontalen Kortex und in das limbische System.

5. Was ist das Brown-Séquard-Syndrom?
Bei dieser Störung führt eine halbseitige Durchtrennung des Rückenmarks zu Ausfällen unterhalb der Läsion auf unterschiedlichen Seiten des Körpers.
Da der Tractus spinothalamicus lateralis auf Rückenmarksebene kreuzt, fallen Schmerz- und Temperaturempfindung kontralateral aus. Ipsilateral fällt die Berührungsempfindung aus, da die Hinterstränge erst im Lemniscus medialis kreuzen. Ebenfalls ipsilateral fällt die Motorik aus, da die Pyramidenbahnen bereits schon kurz unter der Pons auf die Gegenseite kreuzen.

6. Wie wirkt Aspirin bei der Schmerzbekämpfung?

Aspirin hemmt die Cyclooxygenase und vermindert so die Entstehung von Prostaglandinen (diese wiederum sensibilisieren Schmerzfasern).

7. Was ist übertragener, was projizierter Schmerz?

Übertragener Schmerz: Bei der Verschaltung von inneren Organen und Hautarealen kommt es vor, dass sowohl das Organ wie auch die Nervenfaser der Haut auf ein und das selbe Neuron im Rückenmark umschalten. Somit kann das Gehirn nicht mehr auseinanderhalten, ob z. B. bei einem Herzinfarkt der Schmerz die Ursache das Herz ist oder die Haut im Bereich des linken Arms. Hautareale, die bestimmten inneren Organen zugeordnet sind nennt man übrigens Head-Zonen. Projizierter Schmerz tritt z. B. bei Bandscheibenvorfällen auf. Hier drückt die Bandscheibe auf einen Spinalnerven. Die Schädigung liegt also im Bereich der Wirbelsäule, der Schmerz hingegen wird jedoch in das betroffene Dermatom projiziert.

TUT DAS DOLL WEH, WENN ICH HIER DRÜCKE?!

Pause

Soviel zum Thema Schmerz ...
Und nun auf zum letzten Kapitel!

Mehr Cartoons unter www.medi-learn.de/cartoons

5 Arbeits- und Leistungsphysiologie

Fragen in den letzten 10 Examen: 17

In diesem Kapitel geht es darum, was bei der Umstellung auf körperliche Arbeit im Körper passiert. Zum Glück wird im Schriftlichen Examen recht wenig nach den physikalischen Grundlagen gefragt, sodass du dich damit nicht allzu lange beschäftigen musst. Die meisten Fragen zielen darauf ab, wie sich der Körper an eine erhöhte Belastung anpasst.

5.1 Grundbegriffe

Arbeits- und Leistungsphysiologie... Was versteht man eigentlich unter den Begriffen Arbeit und Leistung? Keine Sorge, du musst hier nicht zu tief in die Physik eintauchen, aber ein paar wenige Begriffe solltest du dir dennoch klar machen, da im Schriftlichen gelegentlich ein paar Aufgaben auftauchen, bei denen man umrechnen muss.

5.1.1 Arbeit, Energie und Leistung

Definition: Arbeit = Kraft · Weg

Dazu ein Beispiel: Ein Gewichtheber soll eine 50-Kilogramm Hantel vom Boden in eine Höhe von zwei Metern anheben. Welche Arbeit wird dabei verrichtet? Um diese Aufgabe lösen zu können, musst du zunächst wissen, dass die Einheit Kilogramm im Alltag Gewichte angibt, der Physiker damit jedoch physikalische Masse bezeichnet. Unter Gewicht versteht man in der Physik dagegen die Kraft, mit der ein Gegenstand von der Erdanziehung nach unten gezogen wird. Die Einheit für Kraft und damit auch für Gewichts- oder Schwerkraft ist das **Newton**. Dazu kannst du dir merken, dass ein Gegenstand mit einer Masse von einem Kilogramm (auf der Erde) eine (Schwer-) Kraft von etwa 10 Newton ausübt.
Weist die Hantel nun also eine Masse von 50 Kilogramm auf, wird zum Anheben eine Kraft von etwa 50 · 10 = 500 Newton benötigt. Hebt der Gewichtheber diese Hantel zwei Meter an, wird eine Arbeit von etwa 500 N · 2 m = 1000 Newtonmeter verrichtet.
Die Einheit Newtonmeter nennt man auch Joule. Der Gewichtheber verrichtet also eine Arbeit von ungefähr 1000 Joule oder ein Kilojoule.
Unter Energie wiederum versteht man die Fähigkeit, physikalische Arbeit zu verrichten. Wenn unsere Hantel zwei Meter hoch gehoben wurde, könnte unser Gewichtheber sie einfach loslassen. Die Hantel würde herunterfallen, dabei eine Kraft von 500 Newton Richtung Erdboden ausüben und einen Weg von zwei Metern zurücklegen. Beim Fallen würde die Hantel eine Arbeit von 1000 Joule oder einem Kilojoule verrichten. Beim Hochheben der Hantel wurde eine Arbeit von 1000 Joule aufgewendet, die nun als potenzielle Energie in der Hantel gespeichert ist. Durch das Fallenlassen wird die Energie freigesetzt, sodass die Hantel jetzt physikalische Arbeit leistet.

Unter Leistung versteht man in der Physik Arbeit pro Zeit:
Leistung = Arbeit / Zeit
Die Einheit der Leistung ist Joule/Sekunde (J/s) bzw. das Watt.

Wenn unser Gewichtheber das Gewicht also innerhalb einer Sekunde hochhebt, werden am Gewicht 1000 J/s = 1000 Watt = 1 kW geleistet. Wenn er das Gewicht dagegen in einer halben Sekunde anhebt, muss er dazu die doppelte Leistung aufbringen: 1000 J/0,5 s = 2000 J/s = 2 kW.

5.1.2 Kalorisches Äquivalent

Energie kann natürlich nicht nur mechanisch gespeichert sein, sondern auch als chemische

Energie. In einem Gramm Kohlenhydrate ist z. B. die chemische Energie von ungefähr 17 kJ gespeichert. Um diese Energie freizusetzen und für den Körper nutzbar zu machen, müssen wir die Kohlenhydrate verstoffwechseln. Da dies in der Regel mithilfe von Sauerstoff geschieht, hat sich dafür der Begriff „verbrennen“ eingebürgert.

Bei der Verbrennung von durchschnittlicher, aus Kohlenhydraten, Eiweißen und Fetten gemischter Kost wird pro Menge Nahrung eine bestimmte durchschnittliche Menge Energie freigesetzt. Für die Verbrennung wird auch eine gewisse Menge Sauerstoff benötigt. Bei Versuchen wurde gemessen, wie viel Energie freigesetzt wird, wenn man bei üblicher, gemischter Kost für die Nahrungsverbrennung einen Liter Sauerstoff verbraucht. Bei Versuchen wurde festgestellt, dass pro Liter Sauerstoffverbrauch eine Energie von 20 kJ freigesetzt wird. Diesen Wert von 20 kJ/l O_2 bezeichnet man als kalorisches Äquivalent.

Merke!

Ein Verbrauch von einem Liter Sauerstoff entspricht einem **Energieumsatz** von etwa 20 kJ.

5.2 Energieumsatz des Menschen

In diesem Kapitel geht es um den Energieumsatz in Ruhe und bei Anstrengung. Außerdem wird besprochen, wie der Energieumsatz bestimmt werden kann.

5.2.1 Grundumsatz

Ein Mensch muss zur Aufrechterhaltung seiner Lebensfunktionen auch dann Energie aufwenden, wenn er völlig ruhig und entspannt ist. Schließlich muss er ja atmen, sein Herz muss schlagen, und seine Zellen benötigen Energie für Stoffwechsel- und Transportprozesse. Als Grundumsatz bezeichnet man die Energie, die unter folgenden Bedingungen umgesetzt wird:

1. in **Ruhe** (d. h. ruhiges und entspanntes Liegen)
2. bei **Nüchternheit** (vorher weder getrunken noch gegessen)
3. bei **thermischer Indifferenz** (einer Temperatur, bei der einem weder kalt noch warm ist)
4. in psychischer **Entspannung**

Der Grundumsatz liegt **pro Kilogramm** Körpergewicht bei etwa **1 J/s = 1 Watt**. Da in den Fragen des schriftlichen Examens die Menschen meistens ein Gewicht von 70 kg haben, liegt deren Grundumsatz bei 70 J/s = 70 Watt. Diese 70 Joule pro Sekunde entsprechen pro Tag etwa 7 000 000 J = 7 MJ/Tag.

Außer vom Körpergewicht hängt der Grundumsatz auch vom Lebensalter und vom Geschlecht ab: Bei gleichem Gewicht und gleicher Körperoberfläche ist er bei Frauen um zehn bis 20 % niedriger als bei Männern. Außerdem sinkt der Grundumsatz mit zunehmendem Lebensalter. Verschiedene Organe haben jeweils einen unterschiedlichen Grundumsatz. Der Anteil des Energieumsatzes des Gehirns am Grundumsatz des Körpers beträgt beim Erwachsenen ca. 15-28 %. Bei körperlicher Betätigung steigt der Energieumsatz.

Die folgenden Richtwerte müssen NICHT auswendig gelernt werden:

- Grundumsatz: 5 bis 10 MJ/Tag
- Energieumsatz bei leichter bis mittelschwerer Arbeit: 15 MJ/Tag
- Energieumsatz bei Schwer- bis Schwerstarbeit: 20 MJ/Tag

5.3 Energieträger des Körpers

Der Mensch hat unterschiedliche Energiespeicher: Am schnellsten kann Energie durch ATP-Spaltung bereit gestellt werden. Allerdings sind die ATP-Vorräte schon nach wenigen Sekunden erschöpft, sodass es nachgebildet werden muss. Dazu steht der Muskulatur das **Kreatinphosphat** zur Verfügung, das allerdings auch bereits nach etwa 20 Sekunden verbraucht ist. Die Energie muss nun durch Glykolyse gewonnen werden. Zunächst wird dabei die **anaerobe Glykolyse** in Gang gesetzt, die für etwa vier Minuten Energie liefert und bei der Lactat anfällt. Bei andauernder körperlicher Arbeit muss die Energie durch die **aerobe Glykolyse** gewonnen werden. Nach einer guten Stunde sind schließlich die Glykogenvorräte, die die Glucose für die Glykolyse liefern, erschöpft. Ab jetzt gewinnt der Körper seine Energie aus der Verbrennung von **Fetten**.

Am geringsten sind also die Energiereserven in Form von ATP, am zweitniedrigsten in Form von Kreatinphosphat, dann kommt das Glykogen und am meisten Energie steht dem Körper in Form von Fetten zur Verfügung.

Merke!

- Menge der zur Verfügung stehenden Energieträger: ATP < KP < KH < F
- Physiologische Brennwerte von Nährstoffen in kJ/g: Fette: 39, Kohlenhydrate 17, Eiweiß 17, Äthylalkohol 30

5.4 Sauerstoffschuld und Erholungspulssumme

Zu Beginn einer körperlichen Tätigkeit wird im Stoffwechsel also ATP verbraucht, anschließend das Kreatinphosphat, danach wird Energie über die anaerobe Glykolyse zur Verfügung gestellt. Bei all den o. g. Arten der Energiegewinnung wird die Energie ohne Verbrauch von Sauerstoff gewonnen.

Erst die aerobe Glykolyse und die Fettverbrennung benötigen Sauerstoff.

Am Ende einer körperlichen Arbeit müssen die Energievorräte wieder aufgefüllt werden. Die ATP- und Kreatinphosphatspeicher werden wieder aufgebaut, und das Lactat, das bei der anaeroben Glykolyse entstanden ist, wird wieder zu Pyruvat umgewandelt. Dazu ist natürlich Sauerstoff erforderlich.

Da am Anfang einer körperlichen Tätigkeit Energieträger ohne Sauerstoff zur Verfügung gestellt wurden, die später unter Sauerstoffverbrauch wieder hergestellt werden müssen, sagt man auch, dass der Körper zu Beginn einer Arbeit eine „**Sauerstoffschuld**" eingeht, die er später wieder einlösen muss.

Dies ist der Grund dafür, dass wir nicht nur während, sondern auch nach einer körperlichen Belastung stärker atmen müssen

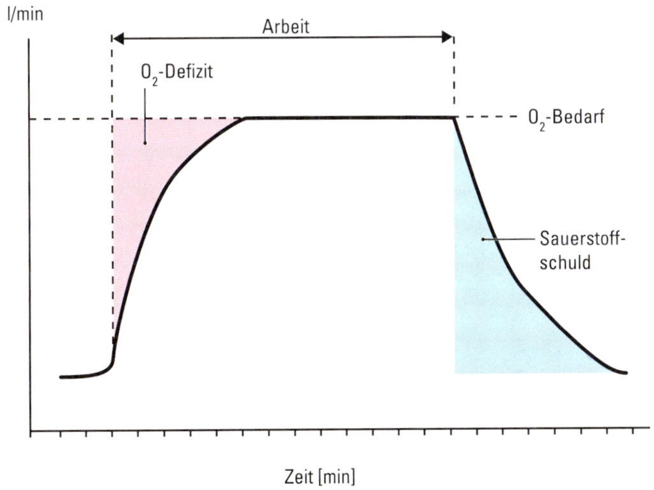

Abb. 38: Sauerstoffschuld

medi-learn.de/6-physio5-38

als in Ruhe. Dieser zusätzliche Sauerstoff, der nach der Arbeit durch die verstärkte Atmung aufgenommen wird, muss vom Kreislauf im Organismus verteilt werden. Dazu muss das Herz mehr arbeiten als in Ruhe, was sich in erster Linie in einem erhöhten Puls ausdrückt. Nach einigen Minuten geht die Pulszahl dann wieder auf ihren Ruhewert zurück.
Zählt man die Pulsschläge, die nach Ende der Arbeit zusätzlich zu den Ruhepulsschlägen gemacht werden, so erhält man die Erholungspulssumme. Wenn schwere Arbeit geleistet wurde, fällt die Erholungspulssumme größer aus als bei leichter Arbeit. Somit ist sie ein Maß für die **Schwere der geleisteten Arbeit**, ein Fakt, der übrigens auch immer mal wieder in den Fragen auftaucht.

Merke!

Die Erholungspulssumme ist ein Maß für die Schwere einer geleisteten Arbeit.

5.5 Arbeit unterhalb der Dauerleistungsgrenze

Mit „Arbeit unter der Dauerleistungsgrenze" ist eine Arbeit gemeint, die für einen Zeitraum von wenigstens acht Stunden ausgeführt werden kann, ohne dass dabei die arbeitende Muskulatur ermüdet. Bei solch einer Arbeit wird zu Beginn die Energie anaerob gewonnen und damit auch hier eine Sauerstoffschuld eingegangen – allerdings liegt diese unter vier Litern. Da in den ersten Minuten die Energie außer durch ATP- und Kreatinphosphatspaltung mit anaerober Glykolyse gewonnen wird, steigt der Lactatspiegel im Blut etwas an. Bei leichter körperlicher Arbeit bleibt die Lactatkonzentration dann auf erhöhtem Niveau konstant und ein lactate-steady state ist erreicht. Vom Normwert von ca. **1 mmol/l** ausgehend werden nur selten Werte über 2–3 mmol/l überschritten.
Sind die ersten Minuten verstrichen, wird die Energie durch aerobe Glykolyse gewonnen. Dazu benötigt der Stoffwechsel zusätzlichen Sauerstoff, sodass die Ventilation zunimmt. Da dieser zusätzliche Sauerstoff auch zu den Zellen transportiert werden muss, ist eine Steigerung des Herzminutenvolumens erforderlich. In der Arbeitsmuskulatur befinden sich Rezeptoren, die durch **C-Fasern** über das Rückenmark dem Kreislaufzentrum in der Medulla oblongata die Veränderung des Muskelstoffwechsels melden, sodass der Sympathikus darauf reagieren kann. Damit steigen das Schlagvolumen, die Blutdruckamplitude und vor allem die Herzfrequenz. Deshalb ist bereits bei leichter Arbeit ein Anstieg der Pulsfrequenz zu erwarten. Bei Belastungen unterhalb der Dauerleistungsgrenze steigt die Herzfrequenz ungefähr linear zur Sauerstoffaufnahme und der Wattzahl an und erreicht schließlich einen steady state (Plateauwert). Übersteigt der Puls jedoch den Wert von **130/min**, gilt die Dauerleistungsgrenze als überschritten. Aus diesem Grund haben auch viele Jogger oder andere Ausdauersportler ein Pulsmessgerät dabei, das bei Überschreiten dieses Wertes piepst und damit vor erschöpfender Belastung warnt.
Neben den kardiovaskulären Anpassungen findet man bei der Umstellung des Organismus auf körperliche Arbeit noch einige endokrine Veränderungen:
- Die Sympathikusaktivierung führt zu einer erhöhten Katecholaminausschüttung im Nebennierenmark und
- im Blut lässt sich ein erhöhter Cortisolspiegel feststellen.

Merke!

Der Körper passt sich an leichte körperliche Arbeit an durch:
- Anstieg der Herzfrequenz (ausgelöst von afferenten C-Fasern aus der arbeitenden Muskulatur),
- Anstieg der Pulsfrequenz (nicht höher als 130/min),
- Anstieg der O_2-Aufnahme (weitgehend linear mit der Herzfrequenz),
- Anstieg des Schlagvolumens,

- Anstieg der arteriellen Blutdruckamplitude (Differenz zwischen systolischem und diastolischem Blutdruckwert),
- Anstieg des Lactats (< 2 bis 3 mmol/l) und
- Anstieg des Cortisolspiegels.
- Verminderung der Insulinsekretion

5.6 Arbeit oberhalb der Dauerleistungsgrenze

Im Schriftlichen kommen die meisten Fragen zur Umstellung bei Arbeit oberhalb der Dauerleistungsgrenze. Auf den ersten Blick verwirren die vielen Details zu diesem Kapitel vielleicht, aber mit nur wenigen Grundkenntnissen kannst du dir die meisten Fakten logisch ableiten.

In körperlicher Ruhe liegt der O_2-Verbrauch bei etwa 0,3 l/min. Bei schwerer körperlicher Arbeit kann er beim Untrainierten auf 3–4 Liter pro Minute steigen, also auf mehr als das zehnfache. Dieser Sauerstoffbedarf übersteigt jedoch die Aufnahmefähigkeit des Organismus für O_2. Subjektiv hat man bei erschöpfender körperlicher Arbeit zwar das Gefühl, wegen einer begrenzten Kapazität der Lungen „aus der Puste“ zu sein, tatsächlich jedoch ist der begrenzende Faktor beim Gesunden die Leistungsfähigkeit des Herz-Kreislauf-Systems: Während das Atemzeitvolumen etwa um den Faktor zehn gesteigert werden kann, erhöht sich das Herzminutenvolumen beim Untrainierten jedoch nur auf das zwei bis dreifache. Grund: Das Herzminutenvolumen hängt vom Herzschlagvolumen (in Ruhe ca. 70 ml) und der Herzfrequenz (in Ruhe ca. 70/min) ab. Bei zunehmender körperlicher Belastung steigt das Herzschlagvolumen zwar zunächst an, sinkt aber bei weiter steigender Belastung oberhalb der Dauerleistungsgrenze wieder und fällt sogar unter den Ruhewert ab (s. Abb. 39, S. 89).
Das Herzminutenvolumen kann dann nur noch durch eine Erhöhung der Herzfrequenz gesteigert werden. Die Pulsfrequenz ist jedoch bei den meisten Menschen auf Werte von rund 180–200/min begrenzt, da man bei deutlich höheren Werten in den Bereich des Kammerflatterns oder -flimmerns käme.
Wenn du weißt, dass das Herz und nicht die Lungen der begrenzende Faktor ist, kannst du damit schon eine ganze Reihe von Fragen richtig beantworten.
Bei erschöpfender Arbeit steigt die Pulsfrequenz an und erreicht im Gegensatz zur Frequenz bei Arbeit unterhalb der Dauerleistungsgrenze KEINEN Plateauwert. Spätestens bei Erreichen der maximal möglichen Herzfrequenz muss dann die Arbeit abgebrochen werden.
Erschöpfende körperliche Arbeit ist also dadurch gekennzeichnet, dass die O_2-Aufnahme des Körpers nicht zur Deckung des Energiebedarfs ausreicht und deshalb kontinuierlich zusätzliche Energie auf anaerobem Weg gewonnen werden muss.

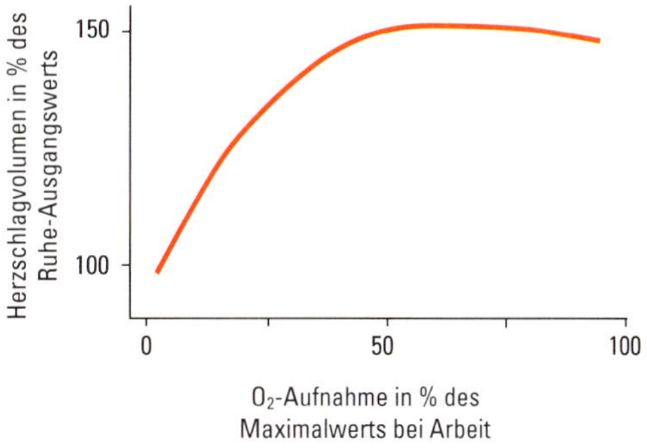

Abb. 39: Herzminutenvolumen

medi-learn.de/6-physio5-39

Merke!

- Die Herzfrequenz kann nur auf das zwei– bis dreifache gesteigert werden.
- Der Sauerstoffverbrauch kann auf das zehn– bis zwanzigfache des Ruhewerts von 0,3 l/min ansteigen und bewirkt eine starke Abnahme des Sauerstoffgehalts in der A. pulmonalis.
- Herzzeitvolumen und Lungendurchblutung steigen auf das Volumen bezogen, um den gleichen Wert: Verdreifacht sich z. B. das Herzminutenvolumen, so nimmt die Lungendurchblutung ebenfalls um 200 % zu.

Neben der aeroben Glykolyse wird daher auch immer Energie durch die anaerobe Glykolyse bereitgestellt, sodass auch die Lactatkonzentration KEINEN steady state erreichen kann, sondern stetig ansteigt. In der Regel ist ab einer Lactatkonzentration von 4 mmol/l damit zu rechnen, dass die Dauerleistungsgrenze überschritten ist und die Lactatkonzentration weiter ansteigt. Man bezeichnet diesen Grenzwert von etwa 4 mmol/l – der allerdings je nach Trainingszustand auch höher oder niedriger sein kann – als **anaerobe Schwelle**.

Die Lactatkonzentration kann kurzfristig auf über 20 mmol/l ansteigen. Dann kommt es zur **metabolischen Azidose**, sodass der pH-Wert im Blut sinkt und die Pufferbasen verbraucht werden. Metabolische Azidosen versucht der Körper respiratorisch auszugleichen, sodass die Ventilation zunimmt. Durch die verstärkte Atmung wird vermehrt Kohlendioxid abgeatmet und der **pCO_2** sinkt. Die Azidose führt aber auch zu einem Anstieg der K^+-Konzentration im Extrazellulärraum. H^+ und K^+ werden nämlich an den Zellmembranen gegeneinander ausgetauscht, sodass bei hohen H^+-Werten (bei einer Azidose) relativ viele H^+-Ionen in die Zelle hinein- und im Austausch viele K^+-Ionen aus der Zelle hinausgehen. Die **Hyperkaliämie** wird außerdem noch dadurch begünstigt, dass bei schwerer Arbeit einige Muskelzellen durch Überbeanspruchung zerstört werden können und dann das Kalium aus deren Intrazellulärraum freigesetzt wird. Wenn du im Examen weißt, dass der Lactatanstieg für viele H^+-Ionen und damit für einen erhöhten K^+-Spiegel sorgt, sind das schon wieder einige Punkte mehr.

Merke!

Lactat kann auf Werte über die anaerobe Schwelle (4 mmol/l) steigen.

Übrigens ...

Einige Organe wie z. B. das Herz können zwar Lactat zur Energiegewinnung im oxidativen Stoffwechsel nutzen, am Ende der Arbeit muss der größte Teil des Lactats jedoch wieder unter Sauerstoffverbrauch in Pyruvat umgewandelt werden. Dadurch steigt bei erschöpfender Arbeit die Sauerstoffschuld stetig an.

Wegen des hohen O_2-Verbrauchs wird aus den Kapillaren vermehrt O_2 ausgeschöpft, sodass der venöse O_2-Gehalt im Vergleich zur Ruhe abnimmt. Damit steigt die Differenz zwischen arteriellem und venösem Sauerstoffgehalt an. Da die A. pulmonalis das sauerstoffarme, nicht-arterielle Blut führt, ist auch hier der O_2-Gehalt niedriger als in Ruhe.

In Gefäßen der arbeitenden Muskulatur wird versucht, durch Vasodilatation möglichst viel Blut und damit möglichst viel Sauerstoff zur Verfügung zu stellen. Diese Vasodilatation wird vor allem über lokalchemische Mechanismen gesteuert. Außer der erhöhten Kaliumkonzentration bewirken auch die Lactatazidose und der CO_2-Anfall im Muskel eine Erweiterung der Gefäße. Die Steuerung der Gefäßweite durch das

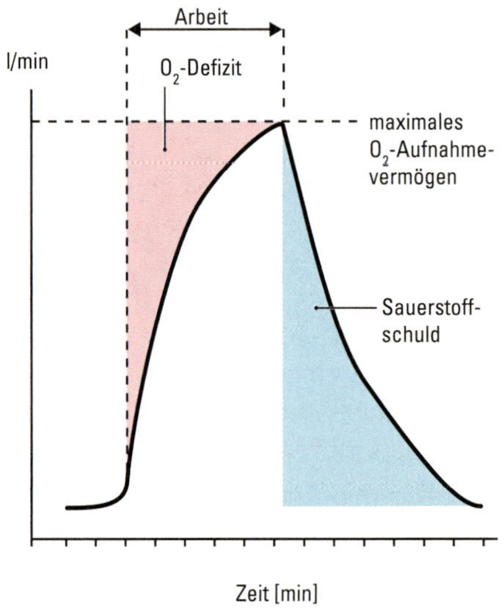

Abb. 40: Erschöpfende Arbeit

medi-learn.de/6-physio5-40

vegetative Nervensystem ist in der Arbeitsmuskulatur hingegen nur von untergeordneter Bedeutung.
Es kommt also zu einer erheblichen Abnahme des Strömungswiderstands in den arteriellen Gefäßen der arbeitenden Muskulatur. Ohne Kompensationsmechanismen wäre ein Abfall des arteriellen Blutdrucks zu erwarten. Hier wird gerne nach dem wichtigsten Gegenregulationsmechanismus gefragt: nach der sympathisch induzierte Vasokonstriktion im Einzugsbereich der Pfortader, d. h. in den Verdauungsorganen. Insgesamt nimmt der totale periphere Strömungswiderstand jedoch ab.
Bei körperlicher Arbeit entsteht Wärme, sodass die Körperkerntemperatur Werte von mehr als 39 °C erreichen kann. Wegen dieser zusätzlichen Wärmeenergie schwitzt der arbeitende Mensch vermehrt, wobei eine Schweißproduktion von über einem Liter pro Stunde möglich ist. Der Flüssigkeitsverlust macht sich im Blut häufig durch einen Anstieg des Hämatokritwerts, also des Anteils fester Bestandteile im Blut, bemerkbar.

5.7 Training

Wie unter Kapitel 5.6, S. 89 beschrieben, ist der begrenzende Faktor bei erschöpfender körperlicher Arbeit vor allem die Kapazität des Herz-Kreislauf-Systems, die wiederum durch die Pulsfrequenz nach oben hin beschränkt ist. Das Herzminutenvolumen ergibt sich aus dem Produkt von Herzfrequenz und Schlagvolumen:
HF · SV = HMV
In Ruhe sind das 70/min · 70 ml = 4900 ml/min.

Ein Mensch kann seine Pulsfrequenz bei körperlicher Belastung knapp verdreifachen, sodass ein Untrainierter ein maximales Herzminutenvolumen von etwa 15 Litern erreichen kann.
Ausdauertraining muss daher das Ziel verfolgen, die Kapazität des Kreislaufsystems zu steigern und damit eine Erhöhung des Herzminutenvolumens zu bewirken. Da die maximale Herzfrequenz durch Training kaum gesteigert werden kann, bleibt nur die Erhöhung des Schlagvolumens. Und tatsächlich: Durch Ausdauertraining vergrößert sich das Herz beträchtlich. Dadurch steigt das enddiastolische Volumen, und auch das Schlagvolumen erhöht sich.

Übrigens ...
- Bei sehr gut trainierten Ausdauersportlern, z. B. bei Radprofis, kann das Schlagvolumen mehr als doppelt so groß sein wie beim Untrainierten. Damit ist dann ein maximales Herzminutenvolumen von 30 bis 40 l/min möglich.
- In Ruhe benötigt auch ein Trainierter nur ein Herzminutenvolumen von etwa fünf Litern pro Minute. Da das Schlagvolumen durch das Training vergrößert ist, muss die Pulsfrequenz in Ruhe entsprechend niedriger sein. Radprofis haben daher teilweise Ruhepulswerte von ca. 30/min – das ist so wenig, dass man anderen Menschen bereits einen Herzschrittmacher implantieren würde.

Merke!

Durch Ausdauertraining
- vergrößert sich das Herz,
- nehmen das enddiastolische Blutvolumen im linken Ventrikel und das Schlagvolumen zu,
- ist die Herzfrequenz bei gleicher Belastung niedriger als bei Untrainierten,
- ist in körperlicher Ruhe die Herzfrequenz sehr niedrig,
- kann der Puls – wie bei Untrainierten auch – NICHT auf Werte über 180 bis 200/min gesteigert werden und
- kann das Herzzeitvolumen dennoch Werte von 30–40 Liter/min erreichen, da das Schlagvolumen steigt.

DAS BRINGT PUNKTE

Zum Kapitel Arbeits- und Leistungsphysiologie wird im Schriftlichen immer wieder nach der Herzfrequenz, der Sauerstoffaufnahme und der Azidose gefragt.

Zur **Herzfrequenz** solltest du wissen, dass sie
- Werte bis 180–200/min erreicht und durch Erregung von Afferenzen (C-Fasern) aus der arbeitenden Muskulatur ansteigt.

Der **Sauerstoffverbrauch**
- kann auf das zehn bis zwanzigfache gegenüber dem Ruhewert von 0,3 l/min ansteigen,
- steigt schneller als das Herzzeitvolumen, wodurch eine zunehmende Sauerstoffschuld entsteht und
- führt zu einer starken Abnahme des gemischt-venösen Sauerstoffgehalts.

Zur **Sauerstoffaufnahme**:
- Ihr Maximum ist in erster Linie von der Herztätigkeit abhängig.
- Die Ventilation steigt viel stärker als die Sauerstoffaufnahme.

Zur **Lactatazidose** ist Folgendes wichtig:
- Das Lactat kann auf Werte über 7 mmol/l steigen (anaerobe Schwelle = 4 mmol/l).
- Durch Hyperventilation wird versucht, die Lactatazidose auszugleichen.
- Durch Hyperventilation kommt es zum Absinken der CO_2-Konzentration.
- Daraus resultiert ein Abfall der Pufferbasenkonzentration und
- ein Anstieg der K^+-Konzentration.

Zum **Ausdauertraining** solltest du dir merken, dass
- das enddiastolische Blutvolumen im linken Ventrikel zunimmt,
- die Herzfrequenz bei gleicher Belastung niedriger ist als bei Untrainierten,
- der Puls – wie bei Untrainierten auch – NICHT auf Werte über 180 bis 200/min gesteigert werden kann und
- das Herzzeitvolumen dennoch Werte von 30–40 Liter/min erreichen kann, da das Schlagvolumen steigt.

FÜRS MÜNDLICHE

Endspurt! Hier kommen noch vier Fragen zum Thema „Arbeits- und Leistungsphysiologie".

1. **Was verstehen Sie unter Grundumsatz?**
2. **Wie misst man Energieumsätze?**
3. **Wie passt sich der Organismus an erschöpfende Arbeit an?**
4. **Welche Veränderungen bewirkt Ausdauertraining?**

---

1. Was verstehen Sie unter Grundumsatz?
Der Grundumsatz ist der Energieumsatz eines ruhenden, nüchternen Menschen, der sich in thermischer Indifferenz aufhält und psychisch entspannt ist. Der Grundumsatz beträgt etwa ein Watt pro Kilogramm Körpergewicht, das entspricht einem Umsatz von fünf bis zehn Megajoule pro Tag.

2. Wie misst man Energieumsätze?
Energieumsätze können direkt und indirekt gemessen werden. Bei der indirekten Kalo-

rimetrie misst man die Sauerstoffkonzentration in der Ein- und Ausatemluft sowie das Atemzeitvolumen. Daraus errechnet man den Sauerstoffverbrauch.
Da man das kalorische Äquivalent des Sauerstoffs kennt – 20 kJ pro Liter O_2 – kann man aus dem O_2-Verbrauch den Energieumsatz berechnen.

3. Wie passt sich der Organismus an erschöpfende Arbeit an?
Bei erschöpfender körperlicher Arbeit kann kein steady state erreicht werden. Es kommt zu einem kontinuierlichen Anstieg der Pulsfrequenz. Da die Sauerstoffaufnahme vor allem von der Leistungsfähigkeit des Kreislaufsystems abhängt, kommt es während erschöpfender Arbeit zu einem Anstieg der Sauerstoffschuld und zur Energiegewinnung auf anaerobem Weg. Dabei entsteht eine Lactatazidose, die eine erhöhte Ventilation und damit ein Absinken der CO_2-Konzentration bewirkt. Außerdem kommt es zu einer Erhöhung der K^+-Konzentration und zu einer Erhöhung der Körperkerntemperatur mit vermehrtem Schwitzen.

4. Welche Veränderungen bewirkt Ausdauertraining?
Ausdauertraining steigert vor allem die Leistungsfähigkeit des Herz-Kreislauf-Systems. Das trainierte Herz ist größer als ein untrainiertes Herz und hat ein deutlich erhöhtes Schlagvolumen. Da es pro Herzaktion mehr Volumen auswirft, reicht in Ruhe eine wesentlich niedrigere Herzfrequenz zur Aufrechterhaltung der Blutversorgung aus.

Pause

Energieumsatz funktioniert aber auch manchmal viel zu gut ...

Mehr Cartoons unter www.medi-learn.de/cartoons

Index

Index

Feedback

Deine Meinung ist gefragt!

Es ist erstaunlich, was das menschliche Gehirn an Informationen erfassen kann. Slbest wnen kilene Fleher in eenim Txet entlheatn snid, so knnsat du die eigneltchie lofnrmotian deoncnh vershteen – so wie in dsieem Text heir.

Wir heabn die Srkitpe mecrfhah sehr sogrtfältg güpreft, aber vilcheliet hat auch uesnr Girehn – so wie deenis grdaee – unbeswust Fheler übresehne. Um in der Zuuknft noch bsseer zu wrdeen, bttein wir dich dhear um deine Mtiilhfe.

Sag uns, was dir aufgefallen ist, ob wir Stolpersteine übersehen haben oder ggf. Formulierungen verbessern sollten. Darüber hinaus freuen wir uns natürlich auch über positive Rückmeldungen aus der Leserschaft.

Deine Mithilfe ist für uns sehr wertvoll und wir möchten dein Engagement belohnen: Unter allen Rückmeldungen verlosen wir einmal im Semester Fachbücher im Wert von 250 Euro. Die Gewinner werden auf der Webseite von MEDI-LEARN unter www.medi-learn.de bekannt gegeben.

Schick deine Rückmeldung einfach per E-Mail an support@medi-learn.de oder trag sie im Internet in ein spezielles Formular für Rückmeldungen ein, das du unter der folgenden Adresse findest:

www.medi-learn.de/rueckmeldungen